CHIARA LUBICH

JESUS DER VERLASSENE UND DIE EINHEIT

CHIARA LUBICH

Jesus der Verlassene und die Einheit

VERLAG NEUE STADT
MÜNCHEN · ZÜRICH · WIEN

Titel der Originalausgabe: *L'unità e Gesú Abbandonato*

Übersetzung aus dem Italienischen: Gertraud Budig

CIP-Kurztitelaufnahme der Deutschen Bibliothek

Lubich, Chiara

Jesus der Verlassene und die Einheit/Chiara Lubich.
[Übers. aus d. Ital.: Gertraud Budig].
– 1. Aufl. – München; Zürich; Wien:
Verlag Neue Stadt, 1985.
(Spiritualität; 45: Hilfen zum christlichen Leben)
Einheitssacht.: L'unità e Gesú Abbandonato <dt.>
ISBN 3-87996-172-7

NE: GT

1985, 1. Auflage

Umschlaggestaltung: Josef Schaaf
Umschlaggraphik: Annemarie Baumgarten
Gesamtherstellung: Brönner & Daentler KG, Eichstätt
ISBN 3-87996-172-7

Vorwort

Die Betrachtungen dieses Buches gründen auf zwei Schlüsselmomenten des Lebens Jesu: auf seinem Hohepriesterlichen Gebet (Joh 17) und auf dem Schrei seiner Verlassenheit am Kreuz (Mt 27,46). In der einfachen Sprache grundlegender Wahrheiten werden sie kurzgefaßt in den Worten: Einheit und Jesus der Verlassene.

1948 brachte Chiara Lubich in einem Brief zum Ausdruck, wie sie diese beiden untrennbaren Wirklichkeiten verstanden hat: „Das Buch des Lichts, das der Herr in meiner Seele schreibt, hat zwei Seiten: eine leuchtende Seite voll geheimnisvoller Liebe, die Einheit. Und eine Seite, die von einem geheimnisvollen Schmerz erhellt wird, Jesus der Verlassene. Es sind wie zwei Seiten einer einzigen Medaille."

Diese Entdeckung wurde zur Grundlage der Fokolar-Bewegung, die sich nun seit über 40 Jahren für die Einheit einsetzt. Aus ihrem Erfahrungsschatz fügen sich Schriften, Briefe und Aufzeichnungen, Erkenntnisse und Intuitionen zu einem einzigartigen Mosaik zusammen.

Wie die schönsten und ursprünglichsten Grundzüge christlicher Erfahrung wird diese Spiritualität dargestellt in einer Art „Narrativer Theologie". In einfacher, unmittelbarer Weise wird die Entstehung eines großen Lebensideals geschildert, das sich viele Tausend Menschen in aller Welt zu eigen gemacht haben. Es sind Erfahrungen, die im Lebensvollzug tiefer verstanden wurden und mittlerweile zum Erbe der Kirche gezählt werden können.

Jesus der Verlassene und die Einheit stellen in ihrer untrennbaren Aufeinanderbezogenheit eine Neuheit in der christlichen Spiritualität dar. Sie offenbaren ein Charisma, eine Gabe Gottes für die Christenheit und Menschheit unserer Zeit, die für die Einheit ein besonderes Gespür hat und die darauf zu warten scheint, die innere Wahrheit von Jesus dem Verlassenen zu entdecken; denn nichts kennzeichnet so sehr unsere Gegenwart wie diese Wirklichkeit.

Diese beiden Momente im Leben Jesu sind nicht Teilaspekte einer christlichen Spiritualität, sondern in ihnen findet sich der Höhepunkt des Evangeliums, in ihnen kommt das Wesentliche der Botschaft Christi zum Ausdruck. Es sind universale Gesetzmäßigkeiten, die von allen Menschen, unabhängig von ihrer Berufung, übernommen werden können. Sie können vom einzelnen wie in der Gemeinschaft gelebt werden. Sie lassen uns eindringen in die Liebe Christi, in die Einheit von Tod und Auferstehung, in den ständigen Übergang vom Schmerz zur Liebe.

Jesus der Verlassene ist das Modell, der Urheber der Einheit zwischen Gott und den Menschen, zwischen

Himmel und Erde, zwischen den Menschen und unter den Völkern. Jesus, der sich dem Vater schenkt, sich ihm „weiht“ bis hin zur Verlassenheit am Kreuz, ist der notwendige Durchgang, um zur Einheit zu gelangen.

Als Chiara Lubich mit den ersten Fokolarinnen während des Zweiten Weltkriegs in den Luftschutzkellern das Evangelium las, waren sie besonders angesprochen vom 17. Kapitel des Johannesevangeliums, vom Gebet Jesu um die Einheit. Von diesen Worten her erschloß sich ihnen die ganze Heilige Schrift. Sie entdeckten, daß das göttliche Leben in der Dreifaltigkeit und unter den Christen Einheit ist: „Wie du in mir und ich in dir . . .“ Aus dieser Erkenntnis heraus beginnen sie füreinander zu leben, miteinander Christ zu sein, sich einszumachen mit ihren Nächsten. Je mehr sie das in die Tat umsetzen, desto mehr fühlen sie sich hineingenommen in das göttliche Leben, in ein tieferes Verständnis der Worte Gottes und seines Willens.

Die Einheit ist das Leben Gottes und der letzte Maßstab christlichen Lebens. Sie weckt den Wunsch und stärkt das Bemühen, Jesus zu folgen, Jesus zu werden, zu leben in ihm, ihn leben zu lassen in sich. Das erfordert einen radikalen Verzicht, ein „Sterben“, damit er leben kann (vgl. Phil 1,21). So entstehen auch neue Beziehungen zu den anderen, „von Jesus zu

Jesus", so daß auch in der Gemeinschaft Christus das Leben sein kann.

Doch die Einheit brauchte eine weitere Entdekkung, sonst bliebe sie ein Wunschtraum. Jesus der Gekreuzigte und Verlassene ist der Schlüssel, der Weg der Einheit zwischen Gott und den Menschen und der Menschen untereinander.

Chiara Lubich und die Fokolare verstanden mit ihrem Leben, ohne besondere exegetische und theologische Reflexionen, das Geheimnis der Verlassenheit am Kreuz als Jesu größte Liebe zum Vater und zu den Menschen. In dieser tiefsten menschlichen Erfahrung identifiziert sich der Gott-Mensch mit der Sünde, mit den Sünden der Menschheit, damit alle zur Gerechtigkeit Gottes werden können.

In der entstehenden Gemeinschaft erkannte man Christus in der Konkretheit und Universalität eines jeden Antlitzes, das vom Schmerz gezeichnet ist. Er zeigt sich als der Bräutigam[1], der in den Schmerzen der Kirche und der Menschheit zu lieben und zu umarmen

---

[1] In der Bildsprache der Propheten, des Hohen Liedes und der großen Meister des geistlichen Lebens wird in diesem Buch die Beziehung zu Jesus, der sich am Kreuz vom Vater verlassen fühlt, zum Ausdruck gebracht. Wie eine bräutliche Beziehung zwischen Christus und der Kirche besteht, so wird hier die tiefe Verbindung mit dem verlassenen Christus dargestellt in den Bildworten „Bräutigam, umarmen, trösten, verlassene Liebe u. a."

ist, in jeder Grenzerfahrung, bis hin zur Sünde und zur Ablehnung Gottes in verschiedenen Teilen unserer Gesellschaft. Das Leid wurde zum Impuls, mehr zu lieben, uneingeschränkt allen Menschen zu dienen, um so die Gegenwart Gottes zu bezeugen: Er weist niemand ab, er will, daß alle gerettet werden.

Heute findet die Weisheit des Kreuzes und das Geheimnis von Christus in seiner Verlassenheit große Aufmerksamkeit, sei es bei den Exegeten und Theologen, sei es auf dem Gebiet der Spiritualität und der Pastoral. Katholische, evangelische und orthodoxe Theologen beschäftigen sich damit. Das Thema des Schmerzes, den Christus bis in die letzte Konsequenz hinein erfahren hat, das Paradox des Kreuzes, erweckt auch das Interesse nichtchristlicher Denker. Um das Kreuz Jesu sammeln sich alle; denn Schmerz und Liebe berühren jeden Menschen.

Viele Schätze, die in diesem Geheimnis verborgen sind, kamen durch das Leben der Fokolare ans Licht. Man verstand zum Beispiel, daß Jesus in seiner Verlassenheit das endgültige Wort des Vaters ist, der Höhepunkt der Offenbarung. In ihm findet sich jede Tugend, die Fülle der Heiligkeit in der Liebe; denn jener Augenblick am Kreuz war geprägt vom liebenden Gehorsam Jesu zu seinem Vater und zugleich von der Hingabe seines Lebens für seine Freunde, die Menschen.

Jesus fühlt sich vom Vater verlassen und wendet sich dennoch voll Vertrauen an ihn: „Vater, in deine Hände lege ich meinen Geist“ (Lk 23,46). Damit hat Jesus für alle Zeiten einen letztgültigen Übergang, ein Pascha, vollzogen: vom Abgrund der Verlassenheit zum vertrauenden Geborgensein im Schoß des Vaters, vom Tod zum Leben, von der Erde zum Himmel. Es ist das Ostern des Verlassenen, der heimgeht als Auferstandener zum Vater.

Jeder Christ, der diese Erfahrung nachvollzieht, macht diesen Übergang, erlebt das Ostern der Liebe. In seinem Herzen und auf seinem Gesicht erblüht die Freude des Auferstandenen. Wie Jesus besiegen auch seine Jünger den Tod mit der Liebe.

Jesus der Verlassene ist auch die Quelle des Heiligen Geistes. An Pfingsten gießt er das dreifaltige Leben auf die Erde, die Einheit, die sich erfüllen wird, wenn „Gott herrscht über alles und in allem“ (1 Kor 15,28).

Die Verlassenheit ist die schmerzlichste Erfahrung Jesu. Doch alle Christen sind berufen, ihm zu folgen; denn sie sind getauft auf seinen Tod und haben das Leben durch seinen Geist, der ausgegossen wurde in unseren Herzen. Aber auch jeder, der sich im Schmerz öffnet für den Vater aller Menschen, hat teil an diesem

Schrei. Denn der verlassene Jesus trägt den Schmerz aller Menschen.

Jesus der Verlassene und die Einheit: zwei Schlüsselworte für die Christen unserer Tage, für die Menschen unserer Zeit. Worte der Hoffnung, die an die Nacht des Schmerzes erinnern, aus der die Morgenröte des Ostertages aufging. Worte, die jeden Jünger Christi bestärken, in unserer Zeit den göttlichen Plan der Einheit zu verwirklichen, für den Christus sein Leben und seinen Heiligen Geist gegeben hat.

P. Jesus Castellano Cervara, O.C.D.

Dozent für Geistliche Theologie
am Teresianum, Rom

Die Einheit

Wir kennen die vielfältigen Spannungen, die in unseren Tagen die Welt erschüttern: Spannungen zwischen Ost und West, Nord und Süd, Konflikte im Mittleren Orient, in Zentralamerika, Kriege, drohende Auseinandersetzungen, das Aufflammen neuer Formen des Terrorismus und weitere negative Zeiterscheinungen. Doch trotz all dieser Spannungen strebt die Welt nach Einheit. Das ist ein deutliches Zeichen unserer Zeit.

Im christlichen Raum erkennen wir, daß der Heilige Geist nach Jahren der Gleichgültigkeit und der Auseinandersetzung die Kirchen und kirchlichen Gemeinschaften heute zur Einigung drängt. Wir sehen es an den Päpsten, wie an Paul VI., dessen Lehre vom Gedanken der Einheit durchdrungen war, oder jetzt an Johannes Paul II., der mit seinen Reisen in die ganze Welt und durch seine tiefe Beziehung zu vielen Völkern zur Verkörperung dieser Idee der Einheit wurde.

Das Zweite Vatikanische Konzil hat diesen Gedanken aufgenommen, und die Konzilsdokumente kommen immer wieder darauf zu sprechen. Deutlich zeigt sich das auch in der Errichtung der Sekretariate: für die Einheit der Christen, für den Dialog mit den anderen Religionen und im Sekretariat für die Nichtglaubenden. Ein Zeichen der Einheit ist auch der Weltkirchenrat.

Für das Streben nach Einheit sprechen internationale Organisationen und Einrichtungen, ferner jene Ideologien, die wir zwar nicht teilen können, die aber ebenfalls auf weltweiter Ebene die großen Probleme von heute zu lösen versuchen. Auch die modernen Kommunikationsmittel bemühen sich, die ganze Welt zu einer Gemeinschaft, zu einer Familie zu machen.

Die Welt strebt nach Einheit. Auf diesem Hintergrund müssen wir unsere Bewegung und ihre Spiritualität sehen. Wenn man uns fragt, wie man unsere Spiritualität umschreiben könnte und wodurch sich das Geschenk, das Gott unserer Bewegung gemacht hat, von den Gaben unterscheidet, die die Schönheit und den Reichtum anderer Bewegungen in der Kirche ausmachen, antworten wir spontan: die Einheit.

Unsere besondere Berufung ist die Einheit; sie ist das Kennzeichen der Fokolar-Bewegung. Hinter anderen Ideen und Begriffen stehen einzigartige und herrliche Wege zu Gott, zum Beispiel die „Armut“ für die franziskanische Bewegung, der „Gehorsam“ für die Jesuiten, der „kleine Weg“ der heiligen Therese von Lisieux oder „die Anbetung“ für die Karmeliter in der Nachfolge der großen heiligen Teresa.

Unsere Spiritualität ist in dem Wort Einheit zusammengefaßt. Darin sind für uns auch die anderen Wahrheiten des Glaubens enthalten, alles was wir tun, die Gebote, unser ganzes religiöses Leben.

Da die Einheit unsere besondere Berufung ist, möchten wir ein wenig in die Anfangszeit unserer Bewegung vor 40 Jahren zurückgehen, als sich diese Idee wie ein Feuer in uns entzündet hat; wir möchten es auch heute in uns lebendig halten oder immer wieder neu entzünden, wenn es nötig sein sollte. Der kurze Rückblick auf Ereignisse und Aufzeichnungen, die damit zusammenhängen, kann uns helfen, der großartigen Idee treu zu bleiben, die Gott uns geschenkt hat.

Rufen wir uns vor allem einige bekannte Ereignisse aus der ersten Zeit unseres neuen Lebens ins Gedächtnis zurück. Es herrscht Krieg. Wir sind ein paar junge Mädchen, die in der Dunkelheit eines Luftschutzkellers beim Schein einer Kerze das Testament Jesu lesen, von Anfang bis Ende. Nach und nach scheinen sich die schwierigen Worte zu erhellen. Wir haben den Eindruck, sie zu verstehen, und es wächst in uns die Überzeugung, die Magna Charta unseres neuen Lebens gefunden zu haben, all dessen, was um uns herum entsteht.

Wir sind uns bewußt, wie schwierig, ja unmöglich es ist, dieses Programm zu verwirklichen, und so bitten wir Jesus darum, er möge uns zeigen, wie wir die Einheit leben können.

Um einen Altar kniend bieten wir ihm unser Leben an, es soll ihm zur Verfügung stehen, wenn er damit nach seinem Willen die Einheit verwirklichen kann. Wenn wir uns recht erinnern, geschah dies am Christkönigsfest 1944. Die Worte der Tagesliturgie machten damals einen großen Eindruck auf uns: „Fordere von mir, und ich gebe dir die Völker zum Erbe, die Enden der Erde zum Eigentum" (Ps 2,8). Wir glauben und bitten.

Voll Freude und Verwunderung stellen wir später fest, daß unser Wunsch nach Einheit in der gleichen Zeit entstanden ist, als Pius XII. die Enzyklika „Mystici Corporis" verfaßte: 1943, im Entstehungsjahr unserer Bewegung.

Wir spüren deutlich, daß Gott von uns die Einheit will. Wir leben, um mit ihm, untereinander und mit allen eins zu sein. Diese herrliche Berufung bindet uns eng an den Himmel und stellt uns gleichzeitig mitten hinein in die Beziehung zu allen Menschen. Es gibt für uns nichts Größeres, kein höheres Ideal.

Doch kehren wir noch einmal zu der Anfangszeit zurück. Damals hielt ich jeden Morgen um 7.00 Uhr für die kleine Gruppe meiner ersten Gefährtinnen eine kurze Betrachtung im Saal Massaia in Trient. Ich spürte, daß ich nicht durch eigene Gedanken das

Wirken des Heiligen Geistes stören durfte. Deshalb bereitete ich mich durch ein Gebet vor, in dem ich vor der Größe Gottes meine Nichtigkeit bekannte: „Ich bin nichts, du bist alles“, wiederholte ich immer wieder vor Jesus in der Eucharistie. Dann machte ich mir einige Stichpunkte. Auf diese Art und Weise unterweist Gott die ersten Fokolarinnen in ihrem neuen Ideal.

Eine dieser ersten Aufzeichnungen, wahrscheinlich aus dem Jahr 1946, ist erhalten geblieben. Es geht um ein einziges Thema, um das Hauptanliegen der entstehenden Bewegung: die Einheit.

Es sind nur kurze Stichpunkte. Zunächst wird dargelegt, daß es darum geht, ein anderer Christus zu sein, dann ist ausdrücklich erklärt, welchen Plan Gott mit uns hat: „Vor allem anderen müssen wir unseren Blick immer auf den einen Vater der vielen Kinder richten. Dann schauen wir auf die Geschöpfe als auf Kinder des einen Vaters. Überwinden wir immer wieder im Denken und im Herzen alle Grenzen, die das menschliche Leben setzt; bemühen wir uns beständig, und es wird uns zur Gewohnheit werden, alle Menschen als Brüder in dem einen göttlichen Vater zu sehen.“

Dann heißt es weiter: „Jesus, der unser Vorbild ist, hat uns ein Zweifaches verstehen lassen, das aber eine einzige Wirklichkeit ist: Wir sind Kinder eines Vaters und untereinander Brüder.“

Weiter unten wird die christliche Grundhaltung betont, die für die Einheit mit Gott und dem Nächsten unerläßlich ist. Auch Paulus spricht in seinen Briefen davon, wenn er die Christen aufruft zur gegenseitigen Liebe, damit Einheit entstehen kann. „Die Tugend", so lesen wir in den Aufzeichnungen, „die den Menschen mit Gott verbindet, ist die Demut, das Aufgeben seiner selbst. Wenn auch nur ein kleiner Teil unseres Menschseins nicht vom Göttlichen durchdrungen wird, so ist die Einheit ernsthaft gestört. Die Einheit mit Gott in uns verlangt Erniedrigung, heroische Demut.

Auch die Einheit mit den anderen erreichen wir nur durch die Demut; wir müssen immer versuchen, die ‚Ersten' im Dienen zu sein.

Wer die Einheit verwirklichen will, darf nur ein einziges Recht in Anspruch nehmen: allen zu dienen, denn in allen dient er Gott . . ., wie Paulus es ausdrückt: als Feier zum Knecht aller werden, um möglichst viele für Christus zu gewinnen (vgl. 1 Kor 9,19).

Wer zur Einheit beitragen will, muß ständig in einer äußersten Demut leben, er muß bereit sein, sich selbst zu verlieren, um Gott im Nächsten dienen zu können. Er kehrt nur in sich selbst zurück, um Gott zu begegnen und um für sich und seine Brüder zu beten.

Er ist ständig frei von sich, denn er ist ganz ‚verliebt'

in den Willen Gottes . . . Verliebt in den Willen des Nächsten, dem er aus Liebe zu Gott dienen will. Ein Diener tut nur, was sein Herr ihm befiehlt."

Darauf folgt ein Gedanke, der die ganze Wirkkraft dieses Ideals erahnen läßt: „Wenn alle Menschen oder wenigstens eine kleine Gruppe im ‚Nächsten' wirklich Gott dienten, würde die Welt bald Christus gehören."

Wenn wir den Nächsten so lieben, wird das bald zu einer gegenseitigen Liebe führen, aus der die Einheit entsteht. So verwirklichen wir das Testament Jesu. Am Ende dieser Aufzeichnungen wird dann klar dargestellt, wer der Nächste ist: Es ist der Bruder, der uns in diesem Augenblick begegnet. Ihn müssen wir so lieben, daß Christus in ihm geboren werden, wachsen und sich entfalten kann. „Wir müssen die gleiche Idee vom Nächsten haben: Er ist der Bruder, der uns in diesem Augenblick unseres Lebens begegnet. Ihm müssen wir immer dienen, denn in ihm dienen wir Gott. Unser Blick muß einfach werden: auf den einen Vater schauen, Gott im Nächsten dienen, einen einzigen Bruder haben: Jesus.

Mit diesen einfachen Augen werden wir in jedem Menschen Christus erkennen, der Gestalt annehmen soll. Wir werden allen dienen . . ., damit Christus in den Menschen geboren wird und leben kann. In jedem Nächsten erkennen wir Christus, der geboren wird, wächst, lebt, Gutes tut, einen neuen Sohn Gottes, der stirbt, aufersteht und verherrlicht wird . . .

Wir dürfen uns nicht zufrieden geben, bis nicht – durch unser beständiges Dienen – Christus immer mehr im anderen Gestalt gewinnt. Wer wie ein anderer Christus lebt, trägt dazu bei, daß Christus auch im Nächsten zunimmt an Alter, Weisheit und Gnade . . .

Wenn wir im gegenwärtigen Augenblick dem Nächsten dienen, verwirklichen wir unser Ideal (das Ideal Jesu): ‚Alle sollen eins sein'."

Unser Lebensinhalt besteht also in der Verwirklichung des Gebetes Jesu am Gründonnerstagabend. Nach der Einsetzung der Eucharistie und des Priestertums, nachdem Jesus seinen Jüngern das Neue Gebot gegeben hat, steigt er, wie uns die Überlieferung berichtet, in das Kedrontal hinab und betet: „Alle sollen eins sein" (Joh 17,21).

Solange nicht alle Menschen, an die Jesus gedacht hat, eins sind, hat die Bewegung ihre Aufgabe nicht erfüllt. Aus diesem Grund ist sie entstanden, und zu diesem Ziel hat Gott sie ins Leben gerufen. Andere Gründe gab es damals für uns nicht. Völlig fremd war uns zum Beispiel der Gedanke an die Ökumene, über die wir gar nichts wußten. Jahre später, etwa um 1950, fragte mich einmal der Jesuit P. Boyer, der Gründer des Foyer Unitas, ob wir die Einheit im Hinblick auf die Einheit der Kirchen verständen. Entschieden lehnte ich damals ab. Gott hatte uns noch nicht gezeigt, was er auf diesem Gebiet von uns wollte.

Einheit, was ist das? In den Aufzeichnungen von 1946 versuche ich, mit Begriffen, die ich in der Schule gelernt habe, eine Erklärung zu geben: „Wir sollen nicht zu einem Gemisch werden, sondern zu einer Verbindung. Das werden wir nur dann erreichen, wenn wir durch das Feuer der Liebe Gottes ganz eins werden mit den anderen.

Was bleibt von zwei oder mehr Menschen, die sich ‚verbinden'? Jesus, der Eine. . . . Die Einheit läßt eine einzige Spur zurück: Christus."

Nachdem wir die Einheit erfahren hatten, gab ich in einem Brief aus dem Jahr 1947 eine Definition: „Die Einheit! Welch göttliche Schönheit! Man kann sie nicht in menschliche Worte fassen, sie ist Jesus."

Und in einem Brief von 1948 heißt es: „Die Einheit! Wer kann es wagen, von ihr zu sprechen? Sie ist unbeschreiblich wie Gott! Man spürt sie, man sieht sie, man freut sich an ihr, aber man kann sie nicht in Worten ausdrücken. Alle freuen sich, wenn sie da ist; man leidet, wenn sie fehlt. Sie ist Friede, Freude, Liebe, Glut, Begeisterung, Bereitschaft zum Heroismus, zu höchster Großzügigkeit. Sie ist Jesus unter uns!“

Die Einheit ist Jesus. Nach der Auferstehung hatte Jesus zu den Jüngern gesagt: „Ich bin bei euch alle Tage bis zum Ende der Welt“ (Mt 28,20). Die Einheit ist also eine Form der Gegenwart Jesu in der Kirche, so wie er in der Eucharistie gegenwärtig ist, in seinem Wort, in den Menschen, die das Evangelium verkünden oder die Gemeinde leiten, oder in den Armen, in denen er sich verbirgt . . .

Wir sind berufen, in jedem Augenblick unseres täglichen Lebens die Einheit zu verwirklichen. Und wir haben verstanden, wie: indem wir dem Bruder dienen. Wie aber dient man dem Bruder am besten? Von Anfang an war uns klar, daß man dieses Dienen gut lebt, wenn man sich mit jedem Nächsten „einsmacht“.

Wir haben oft viel zu tun, wir sind in Eile, wir möchten den Willen Gottes tun und stürzen uns kopfüber in das, was wir für seinen Willen halten. Gott will von uns aber vor allem, daß wir uns mit den Brüdern einsmachen, mit dem Bruder neben uns, mit dem, der mit uns lebt, mit denen, die wir nach und nach kennenlernen, und – soweit wie möglich – auch mit denen, die uns durch die Kommunikationsmittel näherkommen, durch Fernsehen, Radio, Presse. Vor allem sollen wir uns einsmachen mit den Leidenden, mit denen, die Gott nicht kennen.

In den Aufzeichnungen von 1946 lesen wir: „Wir müssen mit den Brüdern eins sein, nicht in abstrakter, sondern in konkreter Weise; nicht morgen, sondern jetzt.

Wir müssen eins sein, fühlen, wie der Bruder fühlt. Wir müssen seine Probleme lösen, weil sie durch die Liebe unsere Probleme geworden sind. Aus Liebe zu Jesus im Bruder müssen wir ‚der andere sein'. Lösen wir die Schlingen dieses harten ‚Herzens aus Stein', um ein Herz aus Fleisch zu haben, das fähig ist, die Brüder zu lieben."

Als Gott uns in der Anfangszeit unserer Bewegung den neuen Lebensstil zu erkennen gab, den er von uns wollte, übten wir lange Zeit dieses „Sich-Einsmachen". Es ist nicht einfach, denn wir müssen frei sein von persönlichen Ideen; unser Herz und unser Wille dürfen an nichts hängen, damit wir uns ganz in den anderen hineinversetzen können.

Wenn ich mit jemandem spreche, der sich der Bewegung anschließen will und sich mir anvertraut, dann versuche ich, meine Ideen beiseite zu lassen (auch wenn mir sofort eine Antwort einfällt), damit der andere mir wirklich alles schenken kann, was in seinem Herzen ist. Und die Erfahrung hat mir gezeigt, daß mich der Heilige Geist verstehen läßt, was ich sagen soll. Denn wenn ich mich leermache, liebe ich, und weil ich in der Liebe bin, offenbart sich Gott (vgl. Joh 14,21). Wie oft habe ich erlebt, daß ich etwas Falsches gesagt hätte, wenn ich das Gespräch unterbrochen hätte; ich hätte einen nur menschlichen Rat gegeben, nicht etwas, das vom Heiligen Geist kommt. Wenn ich aber aus Liebe dem anderen die Möglichkeit gebe, mir seine Sorgen zu überlassen, dann kann ich ihm auch eine wirklich hilfreiche Antwort geben.

Wenn unter zwei Menschen diese Beziehung der Liebe entsteht, wenn der eine so im anderen lebt, dann entsteht die Einheit, die Jesus in der Mitte hervorbringt.

Wer zur Einheit berufen ist, findet im Bruder den Weg zu Gott. Dieser Weg ist oft dunkel und finster wie ein Tunnel, aber er führt zum Licht. Das ist die Art und Weise, der Weg, den Gott uns öffnet, um zu ihm zu gelangen. Er will, daß wir jeden Tag und jede Stunde vollkommener werden in dieser oft mühsamen und aufreibenden, aber immer herrlichen, lebendigen und fruchtbaren Kunst des Sich-Einsmachens. Diese Kunst zu lieben, ist unser tägliches, unser eigentliches Kreuz. Daraus leben wir und auch all die, für die wir da sind. Wenn wir einander so lieben, ist das Leben unter uns: Jesus.

Von Anfang an war Gott das Ideal unseres Lebens. Durch die Einheit lebt er mitten unter uns, denn: Wo die Güte und die Liebe, da ist Gott. „Wo zwei oder drei in meinem Namen versammelt sind, da bin ich mitten unter ihnen“ (Mt 18,20). Uns begegnet Gott in der Einheit. Das ist der Ort, wo die Fokolare und alle, die diesen Weg gehen, ihn in besonderer Weise finden. Und nur wenn wir ihm dort begegnen, finden wir ihn in seiner Fülle auch in der Eucharistie, im Wort, in den Verantwortlichen der Kirche, denn er gibt uns das Licht, um diese Arten der Gegenwart Gottes zu verstehen.

Verwundert und immer wieder überrascht stellen wir fest, wie Jesus uns von Anfang an dazu geführt hat, unser Leben besonders auf diesen Satz des Petrus zu bauen: „Vor allem haltet fest an der Liebe zueinander . . .“ (1 Petr 4,8).

Das ist ja das Neue an der Botschaft des Evangeliums: vor allem die beständige gegenseitige Liebe. Die Liebe trägt alles, belebt alles, gibt allem Wert. In einem Brief von 1948 an eine Gruppe von Ordensmännern, die mit der Bewegung in Verbindung standen, heißt es: „. . . vor allem anderen (auch wenn es sich dabei um so schöne und heilige Dinge handelt wie das Gebet oder die Feier der Messe) seien Sie eins! So werden nicht mehr Sie handeln, beten, die Messe feiern, . . . sondern Jesus in Ihnen!“

Um die Einheit zu bewahren, ist kein Preis zu hoch. Sie kostet den Tod, aber sie schenkt Jesus, das Leben. Er ist der Sieg über den Tod, unser Lohn; er gibt der Welt das Leben durch die Gemeinschaft der Heiligen und durch das Zeugnis der Einheit. Durch die Kraft, die er gibt, macht er uns fähig, der Welt in all ihrer Zerrissenheit zu begegnen und eine Lösung anzubieten.

In einem anderen Brief aus dem Jahr 1948 lesen wir: „Brüder, alles darf zusammenbrechen, nur die Einheit nicht! Wo Einheit ist, ist Jesus!

Habt keine Angst, Euer Leben zu geben. Ihr habt ja schon erfahren, daß der Tod aller das Leben des Einen hervorbringt! Auf Eurem Tod erstrahlt das Leben, das Leben, das – auch ohne daß Ihr Euch dessen bewußt seid – viele Menschen lebendig macht. Jesus sagt: ‚Pro eis sanctifico me ipsum. Ich heilige mich für sie‘ (Joh 17,19).

Wenn Ihr Eurer Stadt, der Welt die Einheit bringen wollt, seid untereinander eins. Dies ist der einzige Weg. Die Einheit, in der die Liebe selbst lebendig ist, wird Euch die Kraft geben, jede äußere Uneinheit zu überwinden und jede Leere auszufüllen . . .“

An einer anderen Stelle heißt es: „Ich möchte, daß er immer unter uns bleibt, auch wenn alles zusammenbricht . . . Brüder, Gott hat uns dieses Ideal geschenkt . . ., bleiben wir ihm um jeden Preis treu, auch wenn wir eines Tages in einem grenzenlosen Schmerz schreien sollten: ‚Mein Gott, mein Gott, warum hast auch du mich verlassen?' . . .

Wenn wir unserem Auftrag (ut unum sint) treu bleiben, wird die Welt eines Tages die Einheit erleben . . . Alle werden eins sein, wenn wir jetzt eins sind! Habt keine Angst, alles für die Einheit einzusetzen. Wir werden sie nicht erreichen, wenn wir nicht bereit sind, grenzenlos zu lieben, unsere Meinung, unseren Willen, unsere Wünsche aufzugeben! Weise ist, wer stirbt, um Gott in sich leben zu lassen. Die Einheit ist das Übungsfeld all jener, die für das wahre und gegen das verfälschte Leben kämpfen . . . Vor allem die Einheit! . . . Diskussionen und Streitgespräche über noch so heilige Dinge haben wenig Sinn, wenn wir nicht so leben, daß Jesus unter uns sein kann . . ."

Wie die gegenseitige Liebe für die Christen ein Gebot ist, so ist die Einheit für uns die erste Pflicht. Das Statut der Fokolare nennt die Einheit die Norm für jede andere Norm: Zuerst soll Jesus in der Mitte sein.

Die Erfüllung dieser Pflicht schenkt eine besondere Freude, die Fülle der Freude, die Jesus versprochen hat: „. . . damit sie meine Freude in Fülle in sich haben“ (Joh 17,13). Die Freude, die Gott uns schenkt, wenn wir eins sind, ist ein Reichtum, den wir vielleicht nicht genügend zu schätzen wissen. So wie man im Körper die Gesundheit nicht spürt, sondern den Schmerz, so ist es auch im geistlichen Leben mit der Freude. Sie gehört so eng zu einem wirklich christlichen Leben, daß man sich ihrer Bedeutung oft nicht genügend bewußt ist. Die Freude ist dennoch eine besondere und ersehnte Gabe Gottes.

Denn wie groß ist die Langeweile, die Traurigkeit, das Suchen und das übermäßige Streben nach Glück, was wir oft um uns herum erleben! Spricht nicht aus Drogenkonsum und Betäubung durch Kino und Fernsehen, aus Umstürzen und sogar aus Kriegen der Wunsch nach Friede, Gerechtigkeit und Glück?

Der Mensch ist für die Freude geschaffen. Und Gott hat den Christen und damit auch uns heute die Quelle und den Zugang zur Freude gezeigt. Weil der Fokolar aus der Einheit lebt, ist er glücklich. Weil er die Einheit bringt, kann er die Freude weitergeben.

Wir haben oft gesagt, daß die Freude die Tracht des Fokolars ist und das Glück das Geschenk, das er der Welt machen kann. Andere sind dazu berufen, den

Menschen Brot, Unterkunft, einen Rat, Unterweisung oder ein Dach über dem Kopf zu geben . . . Der Fokolar bringt die Freude – ohne all diese Dinge oder auch zusammen mit ihnen, denn ‚sich einsmachen' kann auch heißen, den Hunger und Durst stillen, Arbeit beschaffen, jemanden besuchen, lästige Menschen ertragen oder ganz einfach an der Situation des anderen Anteil nehmen.

In jedem Fall ist es unsere Aufgabe, zu helfen, Frieden, Licht zu bringen, aber vor allem die Freude zu schenken, damit die Welt sich freuen kann.

Am Anfang unseres neuen Lebens waren wir erfüllt von dieser Freude, wir wollten sie allen weiterschenken und empfanden sie als ein großes Geschenk Gottes. In einem Brief haben wir diese Worte an Jesus gerichtet: „Durch deinen Tod hast du uns die Einheit geschenkt. Das Glück, das wir darin erfahren, möchten wir allen weitergeben, die uns begegnen. Wir können es nicht für uns behalten, wenn sich so viele Menschen nach diesem tiefen Frieden, nach dieser unendlichen Freude sehnen . . . Mach unser Herz weit, erfasse uns ganz, damit du, du allein in uns leben kannst! Wir haben dich am Kreuz in deiner höchsten Verlassenheit zum Inhalt unseres Lebens gemacht, und du läßt uns hier auf der Erde den Himmel erfahren! Gott, nur du kannst so sein!"

Danken wir Gott für diese Freude, aber klammern wir uns nicht zu sehr an sie; sie soll uns helfen und anspornen, der Welt die Einheit zu bringen. In einem Brief von 1948 heißt es: „Haltet an der Einheit fest, das ist Eure heiligste Pflicht, dabei werdet Ihr eine unendliche Freude erfahren, denn Jesus hat denen die Fülle der Freude versprochen, die die Einheit verwirklichen. Seid froh über Eure Einheit, nicht um euretwillen, sondern um Gottes willen . . .

Eure Einheit sei ein Ansporn, dorthin zu eilen, wo sie noch fehlt, und sie dort aufzubauen.

Jesus selbst hat das Kreuz dem Berg Tabor vorgezogen. Stellen auch wir uns lieber auf die Seite dessen, der nicht in der Einheit ist, um mit ihm zu leiden und sicherzugehen, daß unsere Liebe rein ist!"

Die Einheit besteht im „Sich-Einsmachen" mit den Brüdern. Und wenn keine Brüder da sind? Wenn wir allein arbeiten, uns ausruhen, erholen oder studieren?

Wir kennen den Weg: Wir tun, was Gott im Augenblick von uns will. Auch wenn für jeden von uns der Weg ganz anders aussieht, so finden wir uns doch alle in dem einen Willen Gottes. Und da Gott und sein Wille eins sind, können wir teilhaben am Leben Gottes: wir sind eins mit ihm und untereinander.

Ich erinnere mich, wie von 1947 an ein Weg, um die

Einheit zu verwirklichen, darin bestand, den Willen Gottes zu tun. So wurde unsere Liebe zu ihm konkret.

In einem Brief an die ersten Fokolare lesen wir: „. . . Ihr dürft nur eine Idee im Kopf haben. Alle großen Heiligen sind von einem einzigen Gedanken geformt worden, und unsere Idee ist die Einheit. (Einheit mit Gott) ‚Ja, Vater'.

Sagen wir in jedem Augenblick ja zu seinem Willen: ‚Ja, Vater!' Ja, immer nur ja. So werdet Ihr an unserer Einheit teilhaben, die ja allein in Gott besteht. Sein Wille verbindet uns und macht uns mit ihm und untereinander eins. Einheit: ich will, was er will . . . Einheit, die ständige, unmittelbare Gemeinschaft mit Gott, der radikale Verzicht auf alles, was im gegenwärtigen Augenblick nicht Er ist. Ich will nur Gott . . . Einheit unter uns: diese herrliche Gemeinschaft von Menschen, die über die ganze Welt verstreut, nur durch die Liebe Gottes verbunden und zusammengehalten wird."

Unser Ideal ist die Einheit und nichts anderes; das müssen wir heute noch mehr betonen als in der Anfangszeit. Damals hat uns der Heilige Geist das sehr klar zu verstehen gegeben. Und so ist es bis heute geblieben bei den Fokolaren und den anderen internen Mitgliedern der Bewegung. Sicher lebt man die Einheit in den Fokolaren und hoffentlich auch in den Gruppen der Freiwilligen, der Gen usw., aber im weiteren Rahmen der Bewegung oder unter all den anderen?

Besteht nicht da und dort die Gefahr, daß aus der Bewegung der Einheit eine Bewegung für die Verbreitung vom *Wort des Lebens*[1] wird? Das Leben nach dem Wort ist sicher sehr wichtig, aber auch das soll aus der Einheit heraus entstehen.

Zuerst die Einheit! Das Besondere unseres Ideals besteht auch nicht in der Entscheidung für Gott, denn sie finden wir in allen Spiritualitäten. Franziskus, Katharina, Dominikus, Ignatius, alle großen Christen haben sie vollzogen. Im Zentrum unserer Spiritualität steht auch nicht der Wille Gottes; alle Heiligen wollten den Willen Gottes tun. Auch wenn wir glauben, den Weg der Liebe gehen zu müssen, so trifft das immer noch nicht den Kern unserer Spiritualität; denn das Neue Gebot Jesu wird auch in anderen geistlichen Wegen betont: Es reicht nicht aus, um unsere Berufung zu kennzeichnen.

Wir müssen uns in der Weise für Gott entscheiden,

---

[1] Seit der Anfangszeit der Fokolar-Bewegung orientieren sich ihre Mitglieder monatlich an einem Wort des Evangeliums. Sie bemühen sich, es in ihren Alltag umzusetzen, um sich so vom Wort Gottes immer mehr prägen und durchdringen zu lassen.

wie er es möchte, das heißt, unsere Liebe zu ihm drückt sich darin aus, daß wir sein Testament verwirklichen. Seinen Willen tun, heißt für uns die Einheit leben, lieben, indem wir uns mit dem Nächsten einsmachen; einander lieben, damit Einheit entsteht.

Wir müssen Jesus den Verlassenen umarmen; er ist – wie wir später sehen werden – der Schlüssel zur Einheit. Wir müssen ihn immer im Blick auf die Einheit lieben. Das Wort Gottes setzen wir in die Tat um, wenn wir vor allem unter uns die beständige gegenseitige Liebe haben; das gelebte Wort hilft uns, diese Liebe lebendig zu halten und zu nähren. Sicher war auch das Leben nach dem Wort in der Anfangszeit etwas Neues für uns; aber das Besondere in unserer Bewegung war doch vor allem, daß wir einander unsere Erfahrungen darüber mitteilten und so gemeinsam immer mehr in die Sichtweise des Evangeliums eindrangen und miteinander auf Gott zugingen.

Auch das Wort steht also im Dienst der Einheit, denn die Einheit ist der zentrale Punkt der Lehre Jesu, die Mitte, die Zusammenfassung all seiner Gebote. Das hat uns Jesus von Anfang an verstehen lassen. Unsere besondere Aufgabe als Fokolar-Bewegung, als Bewegung der Einheit, wie sie früher genannt wurde, besteht darin, überall lebendige Zellen mit Jesus in der Mitte entstehen zu lassen. Wir bemühen uns, in den

Familien, Büros, Fabriken, Schulen, Pfarrgemeinden, Klöstern ein immer größeres Feuer zu entzünden, um so beizutragen, daß in Kirche und Gesellschaft die Liebe Gottes wächst. Nicht umsonst nennt man uns und unsere Gemeinschaften „Fokolare". Nur so befinden wir uns auf dem richtigen Kurs. Wenn wir auch in einigen Orten und Ländern nur „eine kleine Herde" (Lk 12,32) sind, so gehören wir doch immer ihm, wenn wir diese Prägung tragen, daß wir auf das „ut omnes" ausgerichtet sind.

Diese Orientierung müssen wir unserer Bewegung geben oder zurückgeben, damit Gott unser Bemühen segnen kann. Von Anfang an hatte Gott mit der Bewegung einen Plan: Zunächst ging es um die eigene Umgebung, darum, mit den Allernächsten eins zu werden, und dabei offen zu sein für alle. In einem bereits zitierten Brief an Ordensleute heißt es: „Sie sind vor allem dafür verantwortlich, daß Ihre Mitbrüder eins sind, ohne dabei die anderen Menschen auszuschließen, die Gott Ihnen begegnen läßt. Geben Sie Ihr Leben . . . für Jesus in der Mitte! Wenn Sie alles gemeinsam haben, . . . wird Jesus jeden der Brüder, mit denen Sie leben, erfassen, und er wird auch die anderen auf die Einheit vorbereiten. Wie ein Gegenstand, der in die Nähe eines Strudels kommt, in seinen Sog gerät (die Anziehungskraft entsteht ja durch das Aufeinandertreffen von zwei Strömungen! . . . Ist das nicht ein Bild für die Einheit?), so wird jeder Mensch, der Jesus (Jesus unter uns) begegnet, für immer in seiner Liebe eingeschlossen sein.

Ich wünsche Ihnen, daß Jesus in der Mitte in Ihrem Orden sein Netz auswirft und jeden Tag einen ‚wunderbaren Fang' macht!"

Hier auf der Erde gehören wir zur sogenannten Streitenden Kirche. Doch ohne Waffen und ohne ein Ziel vor Augen kann man nicht kämpfen. Unsere Waffe ist Christus, der unter uns lebt, wenn unsere Einheit vollkommen ist; und unser Ziel heißt: „Alle sollen eins sein" (Joh 17,21).

Jeden, dem wir auf unserem Weg begegnen, wollen wir als „Kandidat" für die Einheit sehen. Gott will sicher, daß alle zur einen Kirche gehören und mit den Brüdern eins sind. Das ist der Traum Jesu.

Jesus der Verlassene
Schlüssel zur Einheit mit Gott

I

Wir haben im vorigen Kapitel begonnen, uns mit der Einheit, der typischen Grundidee unserer Spiritualität zu befassen. Dabei sind wir vor allem auf die ersten Anzeichen dieser Idee zu Beginn unserer Bewegung eingegangen. Voll Freude und Verwunderung kamen wir zum Ergebnis, daß Gott von uns die Einheit will; und wenn wir diese unsere besondere Berufung leben, dann ist der Auferstandene in unserer Mitte, dann ist er in unserer Welt gegenwärtig.

Deshalb haben wir uns immer wieder neu um diese göttliche Gegenwart bemüht, bei den verschiedenen Zusammenkünften und Begegnungen und auch in den Gruppierungen, in denen wir leben. Oft haben wir uns dabei auf die ersten Anstöße des Heiligen Geistes besonnen, auf unsere ursprünglichen Ideen über die Einheit.

Die Vertiefung des Gedankens der Einheit in der letzten Zeit war ein großes Geschenk für uns; das typische Charisma unserer Bewegung trat so deutlich hervor, daß wir einen neuen Anfang gesetzt haben: Wir können nicht anders, als alles daranzusetzen, daß der auferstandene Christus beständig unter uns sein kann.

Am liebsten hätte ich sofort nachgeprüft, wie sehr dieser Gedanke der Einheit auf unserem Weg Hintergrund und Ziel war und wie beständig er uns begleitet hat; wie sehr die Einheit unsere Spiritualität prägt, unsere Lebensformen, den Aufbau unseres Werkes, die verschiedenen Strukturen, ja selbst die Evangelischen Räte; die Einheit ist das allgemeine und besondere Ziel der Bewegung. Aber man darf sich nicht von dem lösen, was uns der Heilige Geist von Anfang an hat verstehen lassen, als er uns die Einheit als unseren charakteristischen geistlichen Weg offenbarte und uns zugleich zeigte, wie sie verwirklicht werden kann.

Es ist also ein berechtigtes Interesse, auf die Anfänge der Bewegung zurückblicken zu wollen. Auch die Kirche rät uns dazu (Um die Ursprünglichkeit einer Inspiration zu bewahren, rät die Kirche Ordensgemeinschaften und geistlichen Bewegungen, auf die Zeit zu schauen, in der der Heilige Geist sie hat entstehen lassen.). Bei diesem Rückblick stellen wir folgendes fest: Noch bevor wir verstanden hatten, wie die Einheit verwirklicht werden kann, erkannten wir in Jesus dem Gekreuzigten und Verlassenen unser Vorbild, unsere Lebensweise. Er hat sich wirklich mit allen Menschen der Vergangenheit, der Gegenwart und der Zukunft einsgemacht, er hat die Einheit hergestellt, indem er sie am Kreuz mit seinem Blut und mit seinem Schrei bezahlt hat. Damit hat er der Kirche bis ans Ende der Zeiten seine Gegenwart als Auferstandener geschenkt.

Die Realität des gekreuzigten und verlassenen Jesus zu erkennen, stand auch zeitlich gesehen am Anfang unseres Weges. Wenn wir den 7. Dezember 1943 (den Tag meiner Weihe an Gott) mit Recht als den Beginn unserer Geschichte betrachten, so dürfen wir auch den 24. Januar 1944 nicht vergessen, den Tag, an dem wir Jesus den Verlassenen kennenlernten und von ihm ergriffen wurden.

Wie im vorigen Kapitel, so wollen wir uns auch bei der Beschäftigung mit dem Thema über Jesus den Verlassenen an die ersten Ideen, Ereignisse und Umstände unserer Geschichte erinnern und einige kurze Aufzeichnungen zitieren, die uns erhalten sind. Wenn die Ereignisse und Gedanken auch bekannt sein mögen, so können sie uns doch auch heute etwas sagen, wenn wir uns gründlich damit befassen.

Über das erste Ereignis in der Wohnung von Dori (einer der ersten Fokolarinnen) lassen wir sie selbst berichten: „Wir gingen damals in die Häuser der Armen, und möglicherweise hatte ich mir dabei eine Infektion im Gesicht zugezogen. Ich hatte einen offenen Ausschlag, und die Medikamente zeigten keine

Wirkung. Ich ging weiterhin mit bedecktem Gesicht zur Messe und am Samstag zu unserer Begegnung . . . Es war kalt und daher gefährlich, in diesem Zustand ins Freie zu gehen. Und weil meine Eltern es mir schließlich nicht erlaubten, bat Chiara einen Kapuzinerpater, mir die Kommunion zu bringen. Während ich meine Danksagung hielt, stellte der Priester Chiara die Frage, in welchem Augenblick seiner Passion Jesus ihrer Meinung nach wohl am meisten gelitten habe. Sie antwortete, daß sie immer gehört habe, es sei der Schmerz im Garten Getsemani gewesen. Doch der Priester entgegnete: Ich glaube, daß es der Moment am Kreuz war, als Jesus schrie: Mein Gott, mein Gott, warum hast du mich verlassen?

Ich hatte die Worte Chiaras gehört, und kaum war der Priester weggegangen, wandte ich mich an sie und wartete auf eine Erklärung. Aber Chiara sagte nur: Wenn Jesus am meisten unter dem Verlassensein vom Vater gelitten hat, so wollen wir ihn zu unserem Lebensinhalt machen und diesem Jesus nachfolgen.

Von diesem Augenblick an war ich fest davon überzeugt, daß wir nur ein Ideal hatten: Jesus, der in seinem tiefen Schmerz nach dem Vater schreit. Die kleinen Wunden in meinem Gesicht erschienen mir wie ein Schatten seines Schmerzes; ich konnte mich darüber freuen, weil ich ihm dadurch etwas ähnlich war. Von diesem Tag an sprach Chiara oft von Jesus dem Verlassenen. Er wurde zur Hauptperson in unserem Leben."

Wie ich schon sagte, entwickelten sich die Ausdrucksformen unseres neuen Lebens oft aus konkreten Ereignissen. So war es mit dem „Bündelschnüren", wie wir es nannten. Wir legten unsere wenigen, ärmlichen Habseligkeiten zusammen, und so entdeckten wir eine neue Art der Armut, wir lernten, wie wir mit den Dingen umzugehen hatten.

Als wir die Bücher auf den Dachboden brachten, war dies für uns der Anfang einer neuen Art zu lernen und zu denken.

Und dadurch, daß wir auf das Wort „Apostolat", das oft so mißverstanden wurde, verzichteten, verbreitete sich in besonderer Weise die Liebe Gottes, die wir wiederentdeckt hatten.

Die Einladungen, die wir – nur im Gehorsam – an 40 uns unbekannte Menschen schrieben – eine solche Methode erschien uns künstlich, der Inbegriff einer „Nicht-Beziehung" –, wurden zum Ausgangspunkt für die Verbreitung der Briefe, die die erste Verbindung unter denen darstellten, die zur Bewegung gehörten.

Und als wir aus unserer kleinen Wohnung alle Möbel bis auf die Matratzen entfernten, so war dies der Anfang eines neuen, einfachen, harmonischen Einrichtungsstils und zugleich der Beginn unseres typischen geistlichen Lebens. Denn bei dieser Gelegenheit hängten wir ein einziges Bild auf, das Jesus im Moment seiner Verlassenheit darstellt; wir wollten zum Ausdruck bringen, daß er allein der einzige Reichtum unseres Lebens sein sollte. Jeden Morgen beim Aufstehen wiederholten wir diese Entscheidung mit dem kurzen Gebet: Weil du verlassen bist . . ., und an Maria gewandt fügten wir hinzu: Weil du unter dem Kreuz stehst, Maria, die Desolata . . . Wir hatten eine klare, radikale Entscheidung getroffen: für Jesus den Verlassenen. Die Briefe aus jener Zeit machen das deutlich:

„Vergiß alles, . . . auch die höchsten Dinge; laß Dich nur von einem einzigen Gedanken leiten, von einem Gott, der alle Fasern Deines Seins durchdringen muß: der gekreuzigte Jesus.“ (21. 7. 1945) „Kennst Du das Leben der Heiligen? . . . Es war von einem einzigen Wort geprägt: der gekreuzigte Jesus . . .; in den Wunden Jesu fanden sie Ruhe; in seinem Blut die Heilung für ihre Seele; das durchbohrte Herz Christi war wie ein Schrein, den sie mit ihrer Liebe füllten. Bitte Jesus am Kreuz, der erfüllt von Schmerz geschrien hat, um die Leidenschaft für seine Passion. . . . Er soll alles für Dich sein.“ (21. 7. 1945)

Jesus der Verlassene war das einzige Buch, in dem wir

lesen wollten: „Ich besuche zwar die Universität, aber in keinem Buch, so schön und tief es auch sein mag, finde ich so viel Kraft und vor allem so viel Liebe wie in Jesus am Kreuz . . ." (7. 6. 1944)

In einem anderen Brief heißt es: „Schöpfe dein Wissen aus einem einzigen Buch . . , aus dem gekreuzigten Jesus, der von allen verlassen ist und schreit: Mein Gott, mein Gott, warum hast du mich verlassen? Schaue immer auf dieses göttliche, vom Schmerz entstellte Antlitz, auf die geröteten Augen, die voll Güte auf Dich gerichtet sind, aber Deine und meine Sünde, die sie so zugerichtet haben, gar nicht sehen!" (30. 1. 1944)

In den folgenden Jahren haben wir unsere Entscheidung immer wieder erneuert. Davon zeugt ein Brief aus dem Jahr 1948: „. . . Wir müssen alles im Leben zurückstellen: Büro, Arbeit, Menschen, Verantwortung, Hunger, Durst, Erholung, selbst unsere eigene Seele, . . . um nur ihn allein zu besitzen! Es kommt einzig und allein darauf an . . . zu lieben, wie er uns geliebt hat, und er hat sich für uns sogar vom Vater verlassen gefühlt." (14. 8. 1948)

Und 1949 schrieb ich: „Ich habe auf der Erde nur einen Bräutigam: Jesus den Verlassenen. Ich habe keinen anderen Gott außer ihm." Nur ihn kannten wir, niemand anderen wollten wir kennen außer ihm. Der

Heilige Geist wiederholte in uns: Ich kenne nur Christus, und zwar Christus den Gekreuzigten (vgl. 1 Kor 2,2). Unsere Liebe zu ihm war ausschließlich, sie duldete keine Kompromisse. Die Entscheidung für Gott, die den Anfang unseres neuen Lebens bildete, wurde immer klarer: Sich für Gott entscheiden hieß für uns, sich für Jesus den Verlassenen entscheiden.

Wenn wir wieder das lebendig werden lassen, was wir in der Anfangszeit verstanden haben, dann wollen wir damit unserer Bewegung an jedem Punkt der Erde das richtige Gepräge geben. Beim Rückblick auf diese ursprüngliche Inspiration spüren wir, daß eine Klarstellung nottut: Wir dürfen nicht zwei getrennte Entscheidungen treffen, eine für Gott und eine für Jesus den Verlassenen, sondern wir entscheiden uns für Gott in Jesus dem Verlassenen. Er ist der Gott-Liebe, dem wir unser Leben geschenkt haben, er ist der Wille Gottes für uns, in ihm liegt die Verwirklichung des Neuen Gebotes, das Maß der Liebe, das von ihm verlangt wurde. Er ist das besondere Wort, das Jesus auf die Erde gebracht hat, als er die Bewegung ins Leben rief. Nur wenn Jesus der Verlassene in uns lebt, kann Jesus in unserer Mitte sein. Wenn wir ihn lieben, wird es uns gelingen, „eine andere Maria“ zu sein; nur so können wir einen entscheidenden Beitrag zur Verwirklichung des Testamentes Jesu leisten. In der Beziehung zu ihm sind wir wirklich Kirche, die Liebe zu ihm öffnet uns und viele Menschen für den Heiligen Geist.

Durch die Liebe zu Jesus dem Verlassenen werden wir einige Fehler vermeiden können, die z. B. zu Beginn dieses neuen geistlichen Lebens in der Beziehung zu den Brüdern auftreten können, weil wir die Liebe, Gott-Liebe, unser Ideal, zu menschlich verstehen. Denn da gerade am Anfang vieles noch unklar ist und die Erfahrung fehlt, denkt und handelt man oft so, als sei die Liebe zu Gott, zum Nächsten und auch die gegenseitige Liebe vor allem eine Sache des Gefühls.

Auch Jesus kannte das Gefühl der Zuneigung, aber er hat seine Liebe vor allem durch seinen Tod am Kreuz und in der Verlassenheit geoffenbart. Jesus der Verlassene ist unsere Art zu lieben. Er zeigt uns, wie wir in uns und um uns alles auslöschen müssen, um mit Gott eins zu werden; er lehrt uns, Gedanken und Neigungen zum Schweigen zu bringen, die Sinne abzutöten, ja, sogar Inspirationen beiseite zu lassen, um uns mit den anderen einszumachen, ihnen zu dienen, sie zu lieben.

Die Radikalität dieser Entscheidung für Jesus den Verlassenen (in der ersten Zeit existierte nur er für uns) erreicht uns heute wie eine Aufforderung, wie eine klare, drängende Einladung, uns neu für ihn zu entscheiden als für die große Liebe unseres Lebens. Das ist gleichzeitig auch eine Mahnung an uns, in Jesus dem Verlassenen das Maß unserer Liebe zum Nächsten zu sehen, und nicht nur alle Schmerzen zu umarmen, die uns treffen, weil sie eine Begegnung mit dem geliebten, ersehnten Bräutigam sind, den wir immer, sofort und mit Freude aufnehmen wollen. Er ist das Maß ohne Grenzen; wir müssen alles geben, dürfen nichts für uns zurückbehalten, nicht einmal die heiligsten, göttlichsten Dinge. Wir müssen von ihm lernen, wie man liebt, indem man auf außergewöhnliche Weise all die Tugenden übt, die die Liebe verlangt.

Haben wir wirklich nur ihn im Herzen? Oder überlassen wir diesen Platz nicht immer wieder, wenn auch für kurze Zeit, unserem Ich, Menschen, Aktivitäten, Aufgaben, dem Studium oder anderen Dingen, mit denen wir uns beschäftigen müssen, weil Gott es von uns verlangt?

Jesus der Verlassene war für uns das Buch der Bücher. Der Heilige Geist hat uns verstehen lassen, daß im verlassenen Jesus der höchste Ausdruck der Liebe ist, weil hier sein Schmerz den Höhepunkt erreicht. Jesus der Verlassene ist die größte Offenbarung der Liebe Gottes. Schon in einem Brief vom Januar 1944 (eine Woche nach dem Gespräch über Jesus den Verlassenen) heißt es: „Du wirst Freude,

Schmerz und Angst erleben. Versuche in allem Jesus zu entdecken, wie ich ihn Dir zeige in seinem höchsten Schmerz, der zugleich Ausdruck seiner größten Liebe ist . . ." (30. 1. 1944)

Und an einer anderen Stelle schrieb ich: „. . . darin ist alles enthalten, die ganze Liebe eines Gottes." (7. 6. 1944)

Oder in einem Brief vom 8. 12. 1944: „Verstehst Du, daß er uns alles gegeben hat? Was hätte uns Gott noch mehr geben können, als daß er aus Liebe zu vergessen scheint, daß er Gott ist?"

Von Anfang an waren wir daher besonders dankbar, daß wir ihm folgen können: „Du weißt gar nicht, welches Glück wir haben, daß wir dieser ‚verlassenen Liebe' folgen können!

In seinem geheimnisvollen Plan hat er uns unter den Menschen ausgewählt, den Schrei seiner größten Angst aufzunehmen: Mein Gott, mein Gott, warum hast du mich verlassen?" (8. 12. 1944)

Beim Lesen dieser Aufzeichnungen gewinnt man den Eindruck, daß diese Liebe zu Jesus dem Verlassenen in uns eingedrungen ist, uns erfaßt hat, in uns aufgebrochen ist wie ein Feuer, das alles verzehrt und nichts übrig läßt; wie eine göttliche Leidenschaft, die das Herz, den Verstand, alle Kräfte durchdringt und mitreißt; wie ein Blitz, der alles erhellt. Wir sahen, wir verstanden, wir waren überwältigt vom Licht.

Durch Jesus den Verlassenen verstanden wir auch, welchen Platz der Schmerz im Heilsplan Gottes hat. „Jesus hat die Menschen bekehrt durch sein Wort, sein Beispiel und seine Verkündigung, aber er hat sie verwandelt durch das Zeugnis seiner Liebe: das Kreuz." (1944)

In seinem grenzenlosen Schmerz entdeckten wird die ganze Fülle seiner Liebe. Diese Erkenntnis erfüllte unser Herz, wir konnten nun auch unseren persönlichen Schmerz als einen Ausdruck der Liebe zu ihm ansehen, wir verstanden, daß wir in ihm und durch ihn hineingenommen wurden in sein Erlösungswerk. „Stell Dir vor . . ., ein einziges Mal ist Gott auf die Erde gekommen, und dieses eine Mal wird er Mensch und läßt sich ans Kreuz schlagen. Dieser Gedanke gibt mir viel Kraft, das kleine Kreuz, das uns ständig begleitet, mit Freude anzunehmen." (1944)

„Wer die Liebe kennt und sein Leid mit dem Schmerz Jesu am Kreuz mit seinem Blut vereint, erfüllt die höchste Berufung des Menschen: wie Gott sein (. . .), der auf die Erde kam als Erlöser der Welt . . ." (1944)

„Glaube mir, wenn Du mit Freude dieses Geschenk

Gottes annimmst, so ist eine Minute Deines Lebens in diesem Krankenbett mehr wert als die vielen Worte eines Predigers, der Gott wenig liebt." (1944)

„Gott hat mir eine große Leidenschaft ins Herz gegeben: Jesus, den Gekreuzigten und Verlassenen!

Vom Kreuz aus sagt er mir: ‚. . . alles, was ich hatte, habe ich für Dich hergegeben . . . , alles! Ich bin nicht mehr schön, nicht mehr stark, ich habe keinen Frieden mehr; die Gerechtigkeit ist tot, das Wissen ist stumm, die Wahrheit verschwindet. Es bleibt nur meine Liebe, die Dir diesen ganzen Reichtum Gottes schenken wollte . . .' So spricht er zu mir; und er ruft mich, . . . ihm zu folgen . . . Er ist meine Leidenschaft!" (25. 12. 1944)

„Im Vergleich zu ihm scheint mir jeder Schmerz wie ein Nichts; ich nehme die kleinen und großen Schmerzen an als das größte Geschenk Gottes, denn dadurch kann ich ihm meine Liebe beweisen." (7. 6. 1944)

Jesus der Verlassene war für uns der höchste Ausdruck der Liebe, wir hatten durch ihn erkannt, welchen Platz der Schmerz im Heilsplan Gottes einnahm, und wir sahen in ihm auch den Weg zur Heiligkeit. „Erinnerst Du Dich an die heilige Rita? In einer dunklen Ecke des Zimmers, wo ihre beiden Kinder schliefen, hing der gekreuzigte Gott-Mensch. Er war das Geheimnis ihrer

Liebe. Er allein. Dieses Kreuz wurde für sie zum Vorbild der Geduld, des Verzeihens, einer beständigen Liebe, die aushält bis zum Tod, bis zum Tod in der Verlassenheit! Der gekreuzigte Jesus führte Rita zur Heiligkeit, denn ihn liebte sie über alles . . ." (1948)

Da wir in Jesus dem Verlassenen diesen ganzen Reichtum entdeckten, war er für uns wie die kostbare Perle, die Gott uns anbot. Seine Liebe war so außergewöhnlich groß (er ist für uns zum Wurm der Erde [vgl. Ps 22,7] geworden, zur Sünde), daß wir glaubten, niemand könnte ihm je widerstehen.

Seine Liebe ist so unendlich, daß man sie niemals angemessen erwidern kann. „Ja, wir haben wirklich die kostbare Perle gefunden: Unsere Liebe!

Jenen Menschen, jenen ‚Wurm der Erde'; er gehört ‚uns'!

Wer ihn gefunden hat, gibt alles auf, um ihn zu besitzen. Und wie die Braut im Hohen Lied der Liebe macht er sich auf die Suche nach dem Bräutigam, um ihn zu lieben und anzubeten.

Eine solche Liebe muß den Geliebten anziehen! Ich möchte durch die Welt eilen und die Herzen für ihn gewinnen, und ich spüre, daß alle Herzen der Welt nicht ausreichen für eine Liebe, die groß ist wie Gott." (15. 6. 1948)

Schon im ersten Jahr unserer gemeinsamen Erfahrung ließ uns der Heilige Geist in Jesus dem Verlassenen die Norm eines neuen Lebens erkennen. Das war für uns eine einzigartige Erkenntnis: „Er, Gott, hat diesen Schrei zum Maßstab eines neuen Lebens gemacht.“ (8. 12. 1944)

Der Heilige Geist hat der Welt eine neue Spiritualität geschenkt, und wir waren als erste dazu berufen. Im Laufe der Zeit wurde uns immer mehr klar, daß Gott uns zur Einheit berufen hat (die Kennzeichen dieser Berufung haben wir schon erwähnt) und daß Jesus der Verlassene ihr Geheimnis ist. Er ist die Voraussetzung, damit wir das Testament Jesu: „Alle sollen eins sein“ verwirklichen können.

In einem Brief von 1948 an eine Gruppe junger Ordensmänner wird die Erfahrung beschrieben, wie wir überrascht feststellen, daß zwischen Jesus dem Verlassenen und der Einheit mit Gott und unter den Menschen eine Verbindung besteht: „Ich habe die Erfahrung gemacht, daß jemand, der an der vordersten Front für die Einheit kämpft, nur durchhalten kann, wenn er in das große Geheimnis von Schmerz und Liebe eindringt, das uns in Jesus dem Verlassenen begegnet . . .“ (1. 4. 1948)

„Deshalb, Brüder, haben wir den gekreuzigten Jesus, der schreit: ‚Mein Gott, mein Gott, warum hast du mich verlassen?' zum einzigen Ziel und Inhalt, zum Ein und Alles unseres Lebens gemacht. Jesus in seinem größten Schmerz! Er erleidet die unendliche Uneinheit . . ., um uns die vollkommene Einheit zu schenken, die wir auf der Erde teilweise, im Himmel aber vollkommen erreichen werden . . ." (1. 4. 1948)

In einem anderen Brief an einen Ordensmann heißt es: „Versuchen Sie . . ., ihn (Jesus den Verlassenen) zu umarmen.

Wenn ich ihn in den Prüfungen des Lebens nicht gekannt hätte, gäbe es diesen Weg der Einheit nicht, es sei denn, Jesus hätte ihn anderswie entstehen lassen.

Er, der Verlassene, hat in mir die schwersten Kämpfe bestanden. Aber man muß verrückt sein aus Liebe zu ihm. In ihm sind alle körperlichen und seelischen Schmerzen: er ist das Heilmittel . . . für jeden inneren Schmerz." (23. 4. 1948)

Jesus der Verlassene ist der Schlüssel des Charismas, der Weg der Einheit. Mit ihm kann man immer vorangehen. Das ist auch für unsere Zukunft wichtig, wenn in schwierigen Momenten, die kommen können und kommen müssen, Zweifel aufsteigen, ob alles so weitergehen wird wie bisher. In solchen Augenblicken wird es gut sein, sich an dieses erste Licht, an diese außergewöhnliche Erfahrung zu erinnern.

II

Ein Brief aus dem Jahr 1948 an einen jungen Ordensmann, trägt die Überschrift: „Mein Gott, mein Gott, warum hast du mich verlassen?“ Darin finden wir in großer Klarheit und Kraft bereits die grundlegenden Aussagen über die Verlassenheit Jesu. Dieser Brief ist wie eine Zusammenfassung unserer Gedanken über ihn; am Anfang heißt es dort, daß nur der die Einheit wirklich verstehen kann, der Jesus den Verlassenen liebt: „Ich bin überzeugt, daß die Einheit in ihrem geistlichen, innersten, tiefsten Wesen nur derjenige verstehen wird, der sich in seinem Leben für Jesus den Verlassenen entschieden hat, für Jesus der schreit: Mein Gott, mein Gott, warum hast du mich verlassen?“

Er erscheint als Garantie und Zugang zur Einheit. „Mein Bruder, da Sie das Geheimnis der Einheit verstanden haben, möchte und könnte ich tagelang zu Ihnen darüber sprechen. Sie sollen wissen, daß der verlassene Jesus alles ist. Er ist die Garantie der Einheit. Jedes Licht über die Einheit kommt aus diesem Schrei."

Im folgenden wird dann erklärt, was es heißt, sich für ihn zu entscheiden: viele Menschen für die Einheit zu gewinnen. „Wenn wir ihn zum Inhalt, Sinn und Ziel unseres Lebens machen . . ., werden wir unendlich viele Menschen für die Einheit gewinnen."

Der Brief zeigt deutlich, daß damals schon die entstehende Spiritualität zwei Schwerpunkte hatte: die Einheit und Jesus den Verlassenen, wie die zwei Seiten ein und derselben Medaille. „Das Buch des Lichtes, das der Herr in meiner Seele schreibt, hat zwei Seiten: eine strahlende Seite geheimnisvoller Liebe: die Einheit, und eine leuchtende Seite geheimnisvollen Schmerzes: Jesus der Verlassene. Es sind wie die zwei Seiten einer einzigen Medaille."

Dieses Licht war neu für uns; wir wollten es schützen, um das „Heilige" nicht denen zu geben, die nicht darauf vorbereitet waren (vgl. Mt 7,6): „Mein Bruder, nicht jeder wird diese Worte verstehen. Behalten wir sie für uns. Die ‚verlassene Liebe' soll nur von Menschen umgeben sein, die sie begreifen, weil sie sie in ihrem Leben erfahren und darin die Lösung für alles gefunden haben . . ." (30. 3. 1948).

Damals nannten wir Jesus den Verlassenen den großen „Beschnittenen“, den weder Himmel noch Erde wollen. Wir sagten uns: die Erde will ihn nicht und auch nicht der Himmel; also gehört er ganz uns. Da er von Himmel und Erde abgeschnitten ist, führt er alle, die von Gott getrennt sind zur Einheit. Er ist der einzige Weg zur Einheit.

Jesus zeigt, daß ‚verlieren‘ Gewinn bringt, daß man lebt, wenn man stirbt; das Weizenkorn muß sterben, um die Ähre hervorzubringen; man muß beschnitten werden, um reiche Frucht zu bringen. So ist das widersprüchliche Gesetz Jesu, das uns der Heilige Geist verstehen ließ: Um in der Welt das „ut omnes“ verwirklichen zu können, müssen wir die Verlassenheit aushalten und in der Uneinheit Jesus den Verlassenen annehmen.

In einem Brief aus dem Jahr 1949 an einige Ordensmänner, die von ihren Oberen nicht die Erlaubnis erhalten hatten, sich einer so neuen Bewegung anzuschließen, heißt es: „Hat man noch nicht verstanden . . ., daß das größte Ideal, das ein Mensch haben kann – die Einheit – ein leerer Traum, eine Wunschvorstellung bleibt, wenn derjenige, der sie sich zum Ziel gesetzt hat, nicht einzig und allein ihn im Herzen hat: Jesus, der von allen verlassen ist, sogar von seinem Vater? Ist diese scheinbare Trennung von den Schwestern und Brüdern, die außerhalb ihres Klosters für das gleiche Ideal kämpfen, leben und leiden nicht ein wenig Jesus der Verlassene für Sie? . . . Nur wenn Sie ihn immer wieder aus ganzem Herzen umarmen, dessen Leib eine einzige Wunde und dessen Seele voll Dunkelheit ist, werden sie zur Einheit fähig sein . . .

Hier liegt das Geheimnis des größten, letzten Wunsches Jesu: ‚Alle sollen eins sein'. Wir und Sie, die wir an diesem unendlichen Schmerz teilhaben dürfen, werden konkret an der Einheit aller mitwirken!" (17. 2. 1949).

Beim Lesen dieser ersten Aufzeichnungen wird klar, worauf das Charisma, das Gott uns gegeben hatte, ausgerichtet war: auf das ‚ut omnes'. Und um das zu erreichen, hatten wir auch den Weg, den Schlüssel, den Zugang erhalten: Jesus den Verlassenen.

Jesus ist auf die Erde gekommen, damit alle eins seien. Am Kreuz, in der Verlassenheit hat er dafür sein Leben gegeben. Wir sollen jetzt dabei helfen, dies zu verwirklichen: das Werk Mariens hat sich die Einheit aller Menschen zu seiner besonderen Aufgabe gemacht. Es kann diese Aufgabe nur mit Jesus dem Verlassenen erfüllen, in ihm und durch ihn. Der Heilige Geist hat uns das Charisma der Bewegung geschenkt, um das Anliegen Jesu voranzubringen, das die Kirche zu allen Zeiten verfolgt hat: „Alle sollen eins sein“. An wen diese Briefe aus der ersten Zeit auch gerichtet waren, sie enthielten immer nur eine Forderung: das Engagement für das „ut omnes‘. Daß die ersten Adressaten der Briefe Mädchen und Ordensmänner, Jugendliche und Erwachsene waren, zeigt, daß für ein Ideal, das jeden anging, auch alle Berufungen angesprochen wurden. Manche verstanden, manche nicht. Wer angesprochen war und unser Anliegen begriff, fühlte sich innerlich verpflichtet, sich für das ‚ut omnes‘ einzusetzen.

Die Liebe zu Jesus dem Verlassenen, die uns wie ein Feuer erfaßt hatte, drängte uns dazu, ihn überall zu suchen. Wir entdeckten ihn in den Herzen vieler Menschen, in denen er zwar durch die Gnade lebt, wo er aber allein und verlassen ist: „Wenn Du einem Menschen gegenüberstehst, wer er auch sein mag, dann erinnere dich daran, daß er Gott in sich trägt, auch wenn er ihn vergessen kann . . . Wer denkt schon daran, daß Jesus in ihm gegenwärtig ist?“ (ohne Datum)

Wir fanden ihn auch in den Mitmenschen, denn Jesus hatte für sie die Verlassenheit Gottes erfahren. „Gib Dich ihm ganz. Überlasse ihm Deinen Willen . . . und er will nur eines: Du sollst Gott aus ganzem

Herzen lieben und deinen Nächsten wie dich selbst. Dein Nächster . . . liebe ihn, und denke daran, daß Jesus für ihn den grenzenlosen Schmerz der Verlassenheit erfahren hat! Liebe ihn, als ob er der Verlassene wäre!“ (11. 1. 1945)

Wir sahen ihn in den Menschen, die in den Wirren des Krieges allein waren. „Ich weiß, die Menschen hier sind sich selbst überlassen und fliehen. Aber ich will nicht, daß sie verlorengehen. Jesus hat sie mit seinem Blut erkauft.“ (9. 1. 1945).

Wir entdeckten ihn auch im Heimweh, denn wir waren jung und fern von unseren Eltern. „Ich sehe ihn dort am Kreuz, wo auch er Heimweh hat und sich von seinem Vater alleingelassen fühlt . . .“ (25. 12. 1944).

Wir fanden ihn im Tabernakel und an Darstellungen des Kreuzes. „Ich möchte bei Dir sein, Dich an der Hand nehmen und Dich zu der kleinen Kirche hinaufführen vor den Tabernakel und Dir dabei zwei Dinge zeigen: unten einen Tabernakel, der kahl und kalt ist, vor dem zwar Blumen und Kerzen stehen, aber keine Menschen sind, und dort lebt Jesus! Er ist der Gott, der Dich geschaffen, Dir die Schönheit der Natur geschenkt und Dir die Liebe ins Herz gelegt hat . . . Jesus liebt die Menschen so sehr (also auch Dich und mich), daß er nach seinem Tod dort im Tabernakel die schmerzliche Verlassenheit fortsetzen wollte! . . .

Und dann würde ich Dir sagen: Schau auf zum Kreuz, an dem er hängt. Sag mir, ob er Dich nicht geliebt hat. Sag mir, was er empfunden haben muß, als er sich von allen verlassen fühlte, den Tod vor Augen hatte und in diesem schrecklichen Zustand war, wo nicht einmal der Vater ihn beachtete." (11. 1. 1945)

Wir begegneten ihm in Schmerz und Unverständnis: „Wie nie zuvor haben wir den Eindruck, daß der Herr uns erhört hat und uns liebt. Wir hatten sicher nicht die Freude gesucht, die sich ganz natürlich aus dem Leben der Einheit ergibt, sondern das Kreuz und vor allem jenen Schrei, der alles Leid übertrifft: „Mein Gott, mein Gott, warum hast du mich verlassen?" . . . Jetzt hält man unser Ideal für Schwärmerei oder Fanatismus. Man zeigt mit Fingern auf uns und lacht uns aus . . . Wenn alles zusammenzubrechen scheint, dann taucht er vor uns auf, seine göttliche Gestalt im Augenblick des Todes, und er wird zur Garantie der ewigen Herrlichkeit. Der Himmel! Dort wird die Einheit vollkommen sein." (7. 7. 1947)

Wir entdeckten den Verlassenen in den Armen, den Kranken, die wir besuchten, in den Gefangenen, in den Menschen, die Fehler gemacht hatten, in den ledigen Müttern . . .

In unserem Leben entfaltete sich der große Reichtum der Werke der Barmherzigkeit, die aus der Liebe erwachsen; die entstehende Bewegung hat sie dann in ihren verschiedenen Zweigen weitergeführt. Alle, denen diese Liebe gilt, haben für uns nur einen Namen: Jesus der Verlassene.

Wie war am Anfang unsere Einstellung ihm gegenüber? Vor allem waren wir tief getroffen von seiner Liebe und wollten unbedingt etwas für ihn tun. Zunächst wußten wir nicht, was wir machen sollten, wir versuchten ihm ein Trost zu sein, indem wir ihm unsere ganze Dankbarkeit und Liebe zeigten. „Weh mir, wenn Ihr mir sagen würdet, daß Ihr lau geworden seid und daß Ihr den nicht liebt, der alles für uns bedeutet! Ihr habt ihn nicht im Stich gelassen, nicht wahr? Ich zähle darauf, durch Euch beide den zu trösten, der die Liebe ist. Es würde mir sehr weh tun, wenn ich zusehen müßte, wie Ihr wieder in Euer früheres Leben zurückfallt: ein Leben, daß ganz in Ordnung war, aber ohne Liebe zu Gott! Sagt mir, daß das nicht der Fall ist, bestätigt es mir!“ (9. 1. 1945)

„Schau ihn an, wie er am Kreuz hängt, er ist bleich

und schreit. Du kennst diesen Schrei, denn er ist Dein Leben! ‚Mein Gott, mein Gott, warum hast du mich verlassen?' Und dahinter steht die Frage: Wirst auch Du mich verlassen? Antworten wir gemeinsam: Niemals, eher sterben. Meine kleine Schwester, die Liebe nie im Stich lassen heißt: *ihn lieben, die Liebe besitzen!*"

Der Begriff „trösten", der in diesen Briefen vorkommt, diese Beziehung zu Jesus dem Verlassenen, scheint uns heute aus der Volksfrömmigkeit zu stammen, aus einer traditionellen, etwas altmodischen Spiritualität. Man kann einwenden, daß Jesus im Himmel, zur Rechten des Vaters, unseren Trost nicht braucht.

Wenn wir diese Aufzeichnungen genau untersuchen, so verstehen wir die tiefere Bedeutung dieses Wortes. Der historische Jesus in seiner Verlassenheit war für uns sehr lebendig, wie gegenwärtig, und dennoch war er für uns nie getrennt von seinem mystischen Leib, den Menschen der Zeit, in denen er seine Verlassenheit hinausschreit und in denen er unsere Hilfe und unseren Trost wirklich braucht.

„In seinem grenzenlosen Schmerz braucht Jesus unseren Trost. Wonach verlangt er denn in seiner Todesangst? Nach Gott! Können wir ihm Gott geben? Wenn wir eins sind, werden wir Jesus unter uns haben, und er, der aus der Einheit hervorgeht, wird unsere ‚verlassene Liebe' trösten! Deshalb muß unsere Einheit immer mehr wachsen, unsere Liebe und die Anzahl der Menschen, die davon erfaßt werden. Jesus unter uns soll immer mächtiger werden! Wir wollen versuchen, jede Uneinheit in Einheit umzuwandeln, denn in jedem Menschen, der nicht in der Einheit ist, hören wir mehr oder weniger laut den Schrei des verlassenen Jesus! . . ." (1. 4. 1948)

Wenn wir Jesus den Verlassenen trösten wollten, ging es uns darum, das zu ernten, was er gesät hatte; das wirksam werden zu lassen, wofür er sein Leben gegeben hatte.

Wir wollten ihn lieben, indem wir seinen Schmerz teilten. „Auch der heutige Tag stand im Zeichen der Liebe; die Vögel (Flugzeuge) wollten ihn zu einem schrecklichen, grausamen Tag machen. Erst nach sechs Stunden konnte ich den Bunker verlassen. Es war nicht kalt draußen. Ich hatte nur Jesus den Verlassenen im Herzen, für ihn lebe ich und erleide ich diese kleinen Schmerzen, die er mir schickt, damit er nicht mehr verlassen ist . . ." (1. 1. 1945)

Um ihn zu lieben, wollten wir ihm folgen. Da uns seine Verlassenheit die Radikalität seiner Liebe zeigt, sagten wir uns: Wir lieben nicht so wie er, wenn wir nicht aus Liebe zu ihm auch die kleinen Dinge gut machen. „Jesus will zuerst und vor allem meine Liebe. Und ich kann sie ihm schenken, wenn ich auf ihn in seiner Verlassenheit schaue: Er hat sich mir ganz geschenkt, und ich muß das gleiche tun, ich muß mich ihm ganz schenken. Ich darf nichts Eigenes wollen; ich will, was er will. Ich möchte in meinem Leben bis in die kleinsten Dinge hinein seinen Willen erfüllen; denn sonst habe ich nichts für ihn getan . . ." (2. 6. 1945)

Da wir uns für ihn allein entschieden haben, zogen wir ihn allem anderen vor. „Manchmal will Gott für uns Schmerz, Verlassenheit, Qual. Wenn wir diesen Willen Gottes allem anderen vorziehen, wird unsere Einheit mit Gott und dem Bruder unerschütterlich." (23. 4. 1948)

Gott hatte uns also berufen, ihn zu trösten, seinen Schmerz zu teilen, ihm zu folgen, ihn über alles andere zu stellen. Das bewirkte etwas Neues, das wir vorher nie erfahren hatten. Voll Erstaunen gewannen wir den Eindruck, uns auf einer übernatürlichen Ebene zu befinden. In einem Brief von 1944 an meine Mutter heißt es: „Ich habe mich ihm vermählt, ich habe versucht, alles andere in mir zum Schweigen zu bringen . . . Er und sein Schrei der Verlassenheit haben mich ganz in ihren Bann gezogen. Mama, das hat mir über alles hinweggeholfen, auch wenn es mir das Herz brach. Nur er konnte das verlangen, denn er will nicht, daß wir die Zuneigung, die uns heilig ist, vernachlässigen, sondern er läßt sie uns tief im Herzen erfahren und dann über ihr stehen . . ." (25. 12. 1944)

Durch die Liebe zu Jesus dem Verlassenen lernten wir *das* Leben kennen, das göttliche Leben. „Suchen wir ihn allein, sehnen wir uns nach ihm. Und wenn er auf uns zukommt, umarmen wir ihn sofort, und wir werden das Leben finden!" (23. 4. 1948)

Die Liebe zu Jesus dem Verlassenen entfaltet in uns die Tugenden, besonders die Demut. „Du weißt, daß ich tief in meinem Innern die Liebe zum Verlassenen trage und daß ich seinen Schrei zum Inhalt meines Lebens in tiefster Demut machen möchte . . . Sein Schrei ist die Quelle der Demut: der göttliche Wille führt ihn auf dem Höhepunkt seiner Sendung dahin, daß er die Verlassenheit vom Vater, mit dem er eins war, hinausschreit . . ." (30. 10. 1945)

Die Liebe zum verlassenen Jesus bewirkte Milde, Ruhe, Feuer: „Versuchen wir ihn nicht nur dann zu lieben, wenn uns nichts anderes übrig bleibt, weil der Schmerz uns daran erinnert, . . . sondern ziehen wir ihn allem vor. Nicht die Freude und die Genugtuung zählen, auch wenn sie Frucht der Einheit sind, sondern wir müssen immer darum bitten, mit ihm zu leiden. Er ist Balsam für die Seele, Ruhe, Feuer!“ (14. 8. 1948)

Er war für uns Trost, Gemeinschaft, Fülle, Gelassenheit, Liebe. „Vergiß Jesus den Verlassenen nicht. Wenn alles in Deinem Leben zusammenbricht, wird er Dir treu bleiben. Er ist zum Verratenen geworden, um allen Verratenen nahe zu sein, zum Gescheiterten, um alle Gescheiterten zu trösten, zur Leere, die jede Leere ausfüllt, zum Trauernden, der jeden Schmerz aufhellt, zum Ungeliebten, der auf göttliche Weise jede verlorene oder nicht erfahrene Liebe ersetzt. Liebe ihn in der innersten Zelle Deines Herzens, sie soll immer nur ihm allein gehören . . .“ (20. 8. 1949)

„Unsere Liebe muß göttlicher Natur sein, sie muß immer die Freude in sich tragen; so will es Jesus! . . . Beleidigen wir die Liebe nicht durch Klagen und Schwermut, sondern versuchen wir immer den Schmerz in Freude zu verwandeln und in der Freude zu bleiben, denn das will Gott von uns. Wir haben die Gnade dazu, wir müssen sie nur zu nützen wissen . . .“ (8. 12. 1944)

Wenn wir so leben, erfahren wir die Fülle der Freude: „Ziehen wir im Laufe des Tages immer die schmerzlichen Augenblicke den anderen vor (vor allem, wenn wir uns verlassen fühlen), denn da „vermählt" sich der gekreuzigte und verlassene Jesus mit unserer Seele.

Dieses Bevorzugen ist zunächst immer ein Akt des Willens, aber bald geschieht es aus Zuneigung und dann erfährt man, daß man sich in ein Meer von Schmerzen stürzt und sich in einem Meer von Liebe, in der Fülle der Freude, findet. Immer wieder haben wir die Erfahrung gemacht, daß jeder seelische (nicht der körperliche) Schmerz[1] verschwinden kann und wir erfüllt werden vom Heiligen Geist, der Freude, Friede, Gelassenheit schenkt. . . . Ich erkenne immer klarer, wie man den Tod der Seele (das Fehlen von Liebe, Licht, Freude, Friede) besiegen kann: mit dem Leben, und das Leben *ist Christus der Gekreuzigte und Verlassene* . . ." (23. 4. 1948)

„Du bist durch den Schmerz geprüft worden und kennst die Blüte der echten Freude, die nur auf dem Boden des Leids wächst. Jetzt erst habe ich begriffen, daß diese einzigartige Freude, die in einem Menschen aufbricht, der Christus folgt, nur aus dem Schmerz kommen kann . . ." (29. 6. 1945)

Schon im Jahre 1945 wissen wir, wie wir Jesus den

---

[1] Es handelt sich hier um die Erfahrungen, die jemand zu Beginn seines geistlichen Lebens macht, wenn er den Weg der Einheit einschlägt. Auch später wird es nur in besonderen Momenten oder Zeiten davon eine Ausnahme geben. Darauf wird weiter unten noch näher eingegangen.

Verlassenen lieben sollen. „Wir sind entweder in der Freude oder im Schmerz. Wenn unsere Seele nicht ‚singt‘, dann machen wir uns um etwas Sorgen, und dieses ‚Etwas‘ müssen wir sofort Gott geben. Wir leiden unter äußeren Dingen . . . oder unter seelischen Schmerzen (Skrupel, Zweifel, Schwermut, Versuchungen, Leere, Heimweh). Alles müssen wir Gott schenken. Je schneller uns das gelingt, desto schneller wird die Liebe in uns aufbrechen . . .

Wenn Du spürst, daß Dir etwas den Frieden nimmt, mußt Du es ihm schenken . . . Wenn Du etwas für Dich behältst, und sei es nur der Gedanke an das Geschenk, hast Du Dir einen Reichtum (einen armseligen Reichtum) angeeignet, der Dir nicht mehr gehört.“ (15. 4. 1945)

So verschwindet der Schmerz, aber man muß sofort und ganz das tun, was Gott im nächsten Augenblick von uns will: „Sie müssen wissen, Pater, daß es absolut nicht unserer Berufung entspricht, seelische Not zu leiden. Es wird sie geben. Aber wir müssen und können sie immer überwinden. Und das wird uns immer gelingen, wenn Jesus der Verlassene alles für uns ist . . . Wir müssen uns freuen, mit ihm zu leiden und *nicht aufhören, ihn zu lieben, indem wir seinen Willen erfüllen*. Das Leid geht vorüber. Unsere Berufung ist die Einheit, die Fülle der Freude." (10. 5. 1948)

1945 vergleichen wir die Freude, die uns erfüllt, mit einem triumphalen Einzug Gottes, mit Ostern. Später erst erkennen wir, wie treffend dieses Bild ist: „Nur wenn eine Seele aus Liebe zu ihm ganz arm geworden ist, zieht Gott mit der Fülle seiner Freude ein. Deshalb war Ostern für uns der Übergang zu einem Leben der Freude, das nie aufhört, solange wir unserem Ideal treu bleiben. Möchtest Du wissen, wer unser ewiges Vorbild ist? Es ist der gekreuzigte und verlassene Jesus. Er, der Gott-Mensch, erleidet den größten Schmerz, den Himmel und Erde je gekannt haben, den Schmerz eines Gottes, der von Gott verlassen ist. Und er zögert nicht einen Augenblick, ihn dem Vater anzubieten: ‚Vater, in deine Hände lege ich meinen Geist' (Lk 23,46). Handeln auch wir immer so. Und weißt Du, wie Jesus auf Dein Geschenk antworten wird? Er wird Dir alles geben, die ganze Fülle seiner Freude . . ." (15. 4. 1945)

So versteht man die Frucht, die diese Liebe zu Jesus dem Verlassenen hervorbringt: Jesus sein, Jesus leben: „Ich möchte Dich an einer weiteren Entwicklung unserer Erkenntnis teilnehmen lassen, damit das Licht der Liebe in Dir noch strahlender aufleuchte . . .

Nimm in jedem Augenblick alles, was du hast, und gib es ihm. Gib es ihm immer rascher. Je schneller du ihm alles gibst, um so eher wirst Du Jesus sein. Was könnte ich Dir Größeres sagen? In der Liebe leben, heißt ihn nachahmen, ihn leben. Darin besteht für uns die Heiligkeit: Jesus sein. Mit dem heiligen Paulus sagen können: ‚Nicht mehr ich lebe, sondern Christus lebt in mir.‘ (Gal 2,20)“ (22. 4. 1945).

Jesus der Verlassene zog uns an wie ein Magnet. Von den ersten Monaten an (schon 1944) fühlten wir uns gedrängt, uns in die Tiefe seines verlassenen Herzens hineinzubegeben. Dort fanden wir unseren Platz: in seiner Wunde, die für uns „neu“ war, weil wir glaubten, daß sie noch zu wenig bekannt und nicht genug erforscht sei. Wir sagten uns: Wenn wir in die Wunde eingehen (das heißt, wenn wir Jesus den Verlassenen so umarmen, daß wir uns jenseits des Schmerzes in der Liebe befinden), so erfahren wir die unendliche Liebe, mit der Gott die Erde geliebt hat.

Der Schmerz des Gekreuzigten, der in jenem Schrei seinen Höhepunkt erreicht, ist die Quelle der Erlösung, des Heils, der Vergöttlichung. „Jenseits der Wunde“ versteht man die Liebe, verschmilzt man mit der Liebe, nimmt man teil an ihrem Licht: am Licht der Liebe. So drückten wir die Berufung aus, die wir in uns spürten: durch die Verlassenheit hindurchgehen, um Gott, die Liebe, zu finden.

„Wir, die wir diesem schönsten und anziehendsten Ideal folgen, wir haben uns mit ganzem Herzen in diese neue Wunde der Verlassenheit hineinbegeben. Dort sind wir geborgen, denn dort leben wir im Herzen unserer Liebe. Und nicht nur das! Von dort aus sehen wir die Grenzenlosigkeit der Liebe Gottes, die sich über die Welt ergießt. Begib Dich auch Du in die Wunde . . .! Du wirst das Licht der Liebe finden, du wirst verstehen, was die Liebe ist, denn Jesus ist das Licht der Welt." (8. 12. 1944)

Dieses Leben, diese Liebe zu Jesus dem Verlassenen, der sich, wie wir sagten, „in der Umarmung mit der Seele vermählt", bringt also außergewöhnliche Früchte hervor: übernatürliches Leben, Tugend, Milde, Feuer, Ruhe, Trost, Fülle, Gemeinschaft, Friede, Heiterkeit, Liebe, Liebe des Himmels, Licht der Liebe, Jesus, Gott.

„Wenn wir Jesus den Verlassenen umarmen, ihn an uns ziehen, ihn zum Ein und Alles machen, wenn er *eins* wird mit uns, wenn wir *eins* werden mit ihm, wenn wir Schmerz werden mit ihm, dem Schmerz, haben wir alles gefunden. So wird man Gott (durch Teilhabe), die Liebe." (1949)

Heute, nachdem die Bewegung auf 40 Jahre Leben zurückblicken kann, gibt es diese Auswirkungen immer noch und sie sind nicht selten zu erleben. Voll tiefer Dankbarkeit Gott gegenüber spüren wir in uns ständig dieses Aufbrechen des neuen Lebens, wir erleben das Aufstrahlen dieses Lichtes, das alles erhellt, das Zweifel, Unruhe, Sorgen und Finsternis vertreibt. Man erfährt eine solche Freude, daß man zutiefst bewegt ist und nicht anders kann, als Gott seine Freude zum Ausdruck zu bringen. Man spürt, daß der Heilige Geist nahe ist, daß er erleuchtet und führt.

Und auch Menschen, die nicht zu unserem Werk gehören, erleben das häufig bei den Mitgliedern der Bewegung. Persönlichkeiten aus dem katholischen und nichtkatholischen Raum, die viel in der Welt herumkommen, erklären manchmal, daß sie die Mitglieder der Bewegung an den Früchten des Geistes erkennen können, die sie auf ihren Gesichtern zu entdecken meinen. Sie sind nicht nur vom Zeugnis der gegenseitigen Liebe betroffen, sondern insbesondere von der Freude.

III

Wir haben versucht herauszufinden, was wir in der Anfangszeit unserer Bewegung in Jesus dem Verlassenen entdeckten, wo wir ihn fanden und wie wir uns ihm gegenüber verhalten sollten. Dabei wurde auch deutlich, welche Auswirkungen die Liebe zu ihm hatte.

Als wir über die Einheit sprachen, über unser Leben in der Beziehung zu den Brüdern, ist uns klar geworden, daß die Einheit Jesus ist, der Auferstandene. Wenn die Einheit da ist, spürt man die Gegenwart Jesu, „man sieht sie, man freut sich darüber . . . Alle freuen sich über seine Gegenwart, alle leiden, wenn er nicht da ist. Er ist Friede, Freude, Liebe, Glut, Bereitschaft zum Heroismus, zu höchster Großzügigkeit". Und diese Auswirkung, diese Atmosphäre, ist eine Frucht des Geistes Jesu, der ja der Heilige Geist ist.

Der Geist des Auferstandenen, der in unserer Mitte ist, macht uns zu Jesus; das werden auch die anderen erkennen. Wir werden zu Christus, der weiterlebt, zum Leib Christi, der Kirche. Wer durch die gegenseitige Liebe die Einheit aufbaut, erlebt in sich den Tod und die Auferstehung Jesu; er erfährt das Leben des Auferstandenen, das er durch die Gnade schon in sich trägt. Er hat das Leben, das nicht stirbt: „Wer lebt und an mich glaubt, wird auf ewig nicht sterben“ (Joh 11,26).

Wir haben noch eine andere Feststellung gemacht: Wenn wir Jesus den Verlassenen umarmen, und das kann jeder einzelne Christ tun, so erfahren wir die gleichen Auswirkungen, wie sie die Einheit schenkt. Der Christ ist nie ein Einzelgänger und kann es nicht sein. Dennoch können wir uns fragen, ob der Auferstandene in jedem einzelnen von uns in der gleichen Intensität, Kraft, Macht und Fülle gegenwärtig sein kann, wenn wir Jesus den Verlassenen umarmen, wie wenn er in der vollen Einheit unter uns gegenwärtig ist?

Wir wollen prüfen, was die Kirche dazu sagt, vor allem um herauszufinden, ob eine Beziehung besteht zwischen dem gekreuzigten und verlassenen Jesus und dem Heiligen Geist.

Im Johannesevangelium heißt es: „Als Jesus von dem Essig genommen hatte, sprach er: Es ist vollbracht! Und er neigte das Haupt und gab seinen Geist auf“ (Joh 19,30). Der Theologe Lyonnet[1] kommentiert: „Der Ausdruck, den Johannes in bezug auf den

---

[1] S. Lyonnet, Il Nuovo Testamento alla luce dell’Antico, Brescia 1970, S. 92.

Tod Jesu gebraucht: ‚Er neigte das Haupt und gab seinen Geist auf', ist ungewöhnlich. Es scheint, daß das Verb ‚gab auf' (übergab) ausgewählt wurde, um darauf hinzuweisen, daß Christus freiwillig sein Leben hingegeben hat . . . Durch die Wahl eines ungewöhnlichen Ausdrucks für den Tod Jesu wollte Johannes sagen, daß durch diesen Tod der Gemeinde der Heilige Geist gegeben wurde."

Im Kommentar zur (italienischen Ausgabe der) Einheitsübersetzung der Bibel steht: „Johannes wollte zu verstehen geben, daß Jesus durch seinen Tod der Welt den Heiligen Geist schenken kann."

Und Y. Congar[1] schreibt: „Jesus haucht auf Maria und Johannes, die unter dem Kreuz stehen und die Kirche darstellen. Jesus überträgt den Geist . . . Viele Kirchenväter haben das so verstanden."
Hieronymus erklärt in seinem Kommentar zu Johannes 7,30: „Der Heilige Geist war noch nicht herabgekommen, weil Jesus noch nicht verherrlicht, das heißt, noch nicht gekreuzigt war."

Ambrosius bemerkt: „Der gekreuzigte, dürstende Christus ist der geöffnete Fels, aus dem das Wasser entspringt. Er tut, was er in Joh 7,38 versprochen hat: Obwohl er Durst hatte, flossen in jenem Augenblick

---

[1] Y. Congar, Je crois en l'Esprit Saint, Band I, Paris 1979, S. 79.

aus seiner Seite Ströme lebendigen Wassers, die den Durst aller stillen sollten." (Das Wasser als Symbol für den Heiligen Geist.)

Paulus sagt, daß Jesus im Tod am Kreuz zum Fluch geworden ist, damit wir die Verheißung des Heiligen Geistes erhalten (vgl. Gal 3,13).

In der Enzyklika „Mystici Corporis" lesen wir: „Der Kirche wurde – durch sein Blut die Fülle des Heiligen Geistes mitgeteilt . . ., diesen Geist hat uns Christus am Kreuz durch sein eigenes Blut verdient" (n. 30). – „Nachdem Christus am Kreuz verherrlicht ist, wird sein Geist der Kirche in reichstem Maße mitgeteilt" (n. 54).

Daraus wird deutlich, daß Jesus uns am Kreuz den Heiligen Geist erwirkt hat. Und das Kreuz ist gleichbedeutend mit der Verlassenheit. Wenn die Verlassenheit Jesu ein Teil seiner Schmerzen am Kreuz ist, wenn sie gar den Höhepunkt dieser Schmerzen darstellt, dann kann man nicht von seinem Leiden, vom Kreuz sprechen, ohne die Verlassenheit miteinzubeziehen. Wenn also ein Zusammenhang zwischen dem Kreuz Jesu und dem Heiligen Geist besteht, so bedeutet dies auch, daß es eine Verbindung zwischen dem gekreuzigten und verlassenen Jesus und dem Heiligen Geist gibt.

Wir können also annehmen (auch wenn das bisher nicht in dieser Weise herausgestellt wurde), daß der besondere Schmerz Jesu in der Verlassenheit in unmittelbarer Beziehung zum Heiligen Geist steht. Das sagt uns auch die einfache Erfahrung: Wenn man etwas weggibt, so muß man spüren, daß es einem fehlt. In jenem schrecklichen Moment am Kreuz hat Jesus die Trennung vom Vater gespürt. Und ist es nicht gerade der Heilige Geist, der ihn in der Einheit der göttlichen Personen mit dem Vater verband und verbindet?

„In der Heiligen Schrift“, sagt der Theologe Bordoni[1], „wird die Herabkunft des Heiligen Geistes in einer engen Beziehung gesehen mit dem Geheimnis der Rückkehr Christi zum Vater. Darin verwirklicht sich in vollkommener Weise die menschliche Liebe des fleischgewordenen Wortes; sie ist ein Zeichen jener sich verströmenden Liebe, aus welcher der göttliche Geist hervorgeht.“

Wenn die Liebe des gekreuzigten Jesus in der Verlassenheit ihren Höhepunkt erreicht, dann ist in jenem Schrei die „menschliche Liebe des fleischgewordenen Wortes vollkommen verwirklicht“. Und man kann annehmen, daß die Verlassenheit „das Zeichen jener

---

[1] M. Bordoni, Il tempo: valore filosofico e mistero teologico, Rom 1965, S. 141 f.

sich verströmenden Liebe ist, aus der der Heilige Geist hervorgeht". Es steht also außer Zweifel, daß es eine Verbindung gibt zwischen dem gekreuzigten und verlassenen Jesus und dem Geschenk des Heiligen Geistes.

Wurde der Heilige Geist, den uns Jesus am Kreuz gegeben hat, nur der Gemeinschaft gegeben oder auch jedem einzelnen?

Jesus hat gesagt: „Wer Durst hat, komme zu mir, und es trinke, wer an mich glaubt. Wie die Schrift sagt: Aus seinem Innern werden Ströme von lebendigem Wasser fließen. Damit meinte er den Geist, den alle empfangen sollten, die an ihn glauben" (Joh 7,37–39).

„Aus seinem Innern" bedeutet, aus dem Innern des einzelnen. Basilius[1] schreibt dazu: „Der Heilige Geist ist in jedem einzelnen, der ihn empfängt, so zugegen, als sei er ihm allein gegeben." Congar[2] sagt: „Der Heilige Geist ist der Gemeinschaft gegeben und jedem einzelnen . . ." Diese Zeugnisse sollen uns genügen zur Bestätigung, daß der Gekreuzigte auch jedem einzelnen Christen den Heiligen Geist schenkt.

Was der Heilige Geist in jedem von uns wirkt, sagt

---

[1] Liber de Spiritu Sancto, IX, 22.

[2] Y. Congar, a.a.O., S. 22, 25

Paulus: „Gott, der voll Erbarmen ist, hat uns, die wir infolge unserer Sünde tot waren, in seiner großen Liebe, mit der er uns geliebt hat, zusammen mit Christus wieder lebendig gemacht. Aus Gnade seid ihr gerettet. Er hat uns mit Christus auferweckt und uns zusammen mit ihm einen Platz im Himmel gegeben" (Eph 2,5–6).

„Während des irdischen Lebens Jesu", schreibt Yves Congar[1], „hatte der Heilige Geist in ihm allein seinen Tempel. Darin waren aber die Menschen schon einbezogen und darin lag auch schon die Aussicht und die Möglichkeit, daß sie Kinder Gottes würden. Nach der Verherrlichung des Herrn hat der Heilige Geist seinen Tempel in uns und in der Kirche. Er bewirkt in uns die gleichen Vorgänge der Geburt und (*anothen*: von oben und von neuem) des Lebens als Glieder des Leibes Christi, des Sterbens an unserem eigenen Leib in der Herrlichkeit und Freiheit der Kinder Gottes (vgl. Röm 8, 21–23)".

In einem Kommentar zum Epheserbrief[2] heißt es: „Durch die Taufe werden die Gläubigen mit Christus verbunden, der gestorben und auferstanden ist. Obwohl sie in der Welt leben, nehmen sie durch diese

---

1 Ebd., S. 77 f.

2 E. Peretto, Commento alla lettera agli Efesini, in: Il Nuovo Testamento, II, Turin 1977, S. 654.

enge und reale Verbindung in der Gnade teil an der himmlischen Herrschaft und erwarten das Sichtbarwerden der Herrlichkeit. Die Christen sind schon zu neuem Leben erwacht und leben eigentlich schon im Himmel; sie haben ihr bisheriges Sein in das Sein Christi umgewandelt. Diese radikale Verwandlung geschah, indem sie sich mit Christus bekleideten und sein Schicksal teilten." Es ist also wahr: Wenn wir den gekreuzigten und verlassenen Jesus umarmen, kann der Heilige Geist auch in jedem einzelnen die Fülle seiner Gaben ausgießen; der Auferstandene kann in jedem von uns sichtbar werden.

Wir hatten immer schon verstanden, daß wir durch das Leben der Gnade und durch die gegenseitige Liebe die Fülle der Einheit unter uns verwirklichen, die ja nichts anderes ist als der Auferstandene in unserer Mitte. Jetzt können wir auch sagen, daß durch das Leben der Gnade, die in jedem von uns ist, und durch die liebende Beziehung zu Jesus dem Gekreuzigten und Verlassenen der Auferstandene mit seinem Geist *in jedem einzelnen* von uns in der ganzen Fülle lebendig sein kann. Die Auswirkung davon können wir erfahren. Mit Kardinal Ratzinger[1] können wir sagen: „Die

[1] J. Ratzinger, Lo Spirito Santo come „communio", in: La riscoperta dello Spirito Santo, Mailand 1977, S. 258.

Quelle des Geistes ist der gekreuzigte Christus. Und durch ihn ist jeder Christ Quelle des Geistes."

Einen Beweis für die Gegenwart des Heiligen Geistes in jedem einzelnen Christen und auch für die Früchte dieses Geistes können uns die Heiligen geben. Als wir uns vor einigen Jahren näher mit dem Thema „Der Wille Gottes" beschäftigten, schauten wir auch auf diese großen Christen. Wenn sie den Willen Gottes erfüllten und ihren eigenen abtöteten – indem sie das Kreuz des Verzichts und des Schmerzes umarmten – spürten sie, so drücken sie sich aus, „eine unaussprechliche Seligkeit ... Frieden, Ruhe, himmlische Freude" (Franziska Cabrini), „Friede und Ruhe" (Katharina von Siena), „ein beständiges Fest" (Vinzenz von Paul). Sie erfuhren die Früchte des Geistes, also auch die Freude.

Wir haben im Kapitel über die Einheit schon einmal kurz über die Freude gesprochen. Jetzt verstehen wir, daß die Freude, die Frucht des Heiligen Geistes, immer aus der Liebe zu Jesus dem Verlassenen kommt. Die Freude macht die anderen Früchte des Geistes oft erst sichtbar, faßt sie zusammen und krönt sie. Die Freude ist die Blüte der Liebe, Ausdruck des Lebens, der Fülle, des Trostes, des Glücks, der Seligkeit; die Freude zeigt, daß wir das Licht haben ...

Man hat gesagt, daß die Freude die Tracht des Fokolars ist. Das muß auch so sein. Es kann gar nicht anders sein, denn der Fokolar lebt die Einheit, und als Jesus den Vater um die Einheit gebeten hat, sagte er: „. . . damit sie meine Freude in Fülle in sich haben“ (Joh 17,13).

Unsere Freude, die Freude des Christen, ist also die Freude Jesu. Sie ist nicht einfach der Frohsinn der Kinder und auch nicht die natürliche Fröhlichkeit der Jugendlichen, nicht die gute Laune oder Glückseligkeit . . . Jesus hat „seine“ Freude, wie er „seinen“ Frieden hat.

Gott will, daß der Christ, der Fokolar, „seine“ Freude erfährt. Wir werden manchmal mit den anderen besorgt und ernst sein und mit denen, die leiden, den Schmerz teilen, aber normalerweise müssen wir in der Freude sein. Sie ist wie die geöffnete Blüte der Liebe, das Lächeln der Liebe zur Welt.

Wenn wir in uns nicht die Freude spüren, müssen wir uns fragen: Bin ich auf dem richtigen Weg? Bin ich im Willen Gottes?

Aber kann man immer die Freude haben? Die angeführten Beispiele stammen aus der Anfangszeit der Bewegung, als wir unsere ersten Erfahrungen machten. Inzwischen sind viele Jahre vergangen, und wir sind sicher auch reifer geworden. Wie sehen wir die Dinge heute? Vor allem können wir sagen, daß diese Fülle der Freude, die aus der tiefen Beziehung zu Jesus dem Verlassenen kommt, das Grundprinzip unseres Lebens ist: Wie wir in uns den Tod Christi, die Teilnahme an seiner Passion erfahren, so erleben wir in uns seine Auferstehung. Der Heilige Geist hat uns sozusagen bei der Hand genommen und uns den Weg verstehen lassen, damit dies in unserem Leben Wirklichkeit werde.

Die Erfahrung von Tod und Auferstehung können wir vielleicht leichter nachvollziehen, weil wir zur Gemeinschaft berufen sind, weil wir gemeinsam auf Gott zugehen. Wir werden nie abwägen können, wieviel Hilfe wir von den Brüdern erfahren, ohne daß wir es merken! Wieviel Mut schenkt uns ihr Glaube, wieviel Wärme ihre Liebe, wie sehr spornt uns ihr Beispiel an! Wir werden nie ermessen können, wieviel Kraft uns Jesus in der Gemeinschaft gibt!

Und dennoch kann es im Leben besondere Momente und Situationen geben, in denen es fast unmöglich ist, daß die Freude in uns aufbricht, obwohl wir es wirklich wollen und obwohl wir aufrichtig Jesus den Verlassenen umarmen. Solche Augenblicke der Dunkelheit und Finsternis werden ausgelöst durch seelische Schmerzen, die auch psychische oder physische Ursachen haben können; oder es handelt sich, wenn auch selten, um wirkliche geistliche Prüfungen, um eine innere Todesangst, wie sie z. B. die Heiligen erfahren haben, um eine sogenannte „Nacht der Sinne“ oder eine „Nacht des Geistes“. In diesen Augenblicken ist man so tief in den Schmerz des verlassenen Jesus hineingenommen, daß man nur noch mit letzter Kraft sein Ja, sein Fiat, sagen kann. Gott läßt diese Prüfungen zu, wie er die Verlassenheit seines Sohnes am Kreuz zugelassen hat, er will uns auch reinigen, heiligen und uns auch am Erlösungswerk Jesu teilnehmen lassen. Es gibt diese schrecklichen Augenblicke, aber sie machen doch nicht das Leben der Fokolare aus. Diese sind, gleich wo sie in ihrem geistlichen Leben stehen, dazu berufen, in der Freude zu leben und sie so sehr im Überfluß zu besitzen, daß sie diese den anderen weitergeben können. Ihre Berufung ist es, den Auferstandenen, der unter ihnen und auch in ihnen lebt, sichtbar werden zu lassen.

Mit einem Bild aus unserer technisierten Umwelt verglichen wir Jesus den Verlassenen einmal mit einer Maschine: Wer durch ihn hindurchgeht, kommt auf der anderen Seite als „Jesus“ heraus. Wir wiesen einander daraufhin, nicht in der „Maschine“, im Schmerz, steckenzubleiben, sondern dem Auferstandenen die Möglichkeit zu geben, daß er durch uns weiterwirken kann. Das gilt auch heute: für die jungen Menschen, die diesen Weg einschlagen, für die, die ihn schon lange kennen, und für diejenigen, die anderen ein Vorbild sind oder sein sollten.

Manchmal stellt man fest, daß man diese Freude nicht hat, oder daß sie nicht in der Fülle da ist. Das liegt dann sicher nicht daran, daß Jesus der Verlassene die Seele „heimsucht" mit besonderen Prüfungen, sondern daran, daß wir nicht einzig und allein ihm unsere Liebe schenken.

Ohne Tod gibt es keine Auferstehung. Die Freude Jesu erfährt man nur, wenn man Jesus den Verlassenen liebt. Diese Freude setzt die Liebe zum Schmerz voraus. Wenn wir die Freude der Auferstehung nicht haben, dann ist in diesem Augenblick Jesus der Verlassene nicht mehr alles für uns. An seiner Stelle stehen vielleicht die Arbeit, unser Ich, das leben möchte, obwohl es sterben soll, das Studium, die Aktivitäten, Dinge, Menschen . . . Die besondere Freude, die Gott uns schenken will, die Freude des Auferstandenen, erwächst aus dem Schmerz, bricht auf aus dem Verzicht, begleitet die Liebe. Es ist eine Freude, die ansteckt, die anders ist, überrascht, anzieht und verwandelt. Es ist keine künstliche Freude, keine Fassade, mit der man sich und anderen etwas vormacht.

Um sie zu besitzen, muß man sich jeden Tag neu für ihn entscheiden, ihn den ganzen Tag über lieben in den Schmerzen, die uns treffen, im Verzicht und der Abtötung, die unser Leben als Christen und als Fokolare verlangt und in den notwendigen Werken der Buße.

Wenn wir Jesus den Verlassenen lieben, kann Jesus in uns leben. In der Verlassenheit hat sich Jesus ganz verschenkt; in der Spiritualität, die sich auf ihn ausrichtet, soll der Auferstandene in seiner ganzen Fülle sichtbar werden, und dafür muß die Freude Zeugnis ablegen.

Die Texte über Jesus den Verlassenen, die wir in diesen Seiten immer wieder zitiert haben, stammen vor allem aus Briefen der ersten Zeit, die uns erhalten blieben. Wir schrieben an Freundinnen, um sie für unser Ideal zu begeistern, an Eltern und Verwandte, an einzelne Personen, durch die wir viele andere erreichen wollten. Wir schrieben an Priester, Ordensleute und Novizen. Und wie das Feuer alles erfaßt, was es erreichen kann, wie ihm nichts entgeht und alles von den Flammen ergriffen wird, so wird in diesen Briefen ein geistliches Feuer sichtbar.

„Schau auf ihn am Kreuz, und stell Dir vor, es wäre Dein Sohn. Hörst Du ihn schreien: ‚Mein Gott, mein

Gott, warum hast du mich verlassen?‘ Dieser Schrei klingt ständig in meinem Innern nach. Stell Dir vor, wie er stirbt, fast verzweifelt, angenagelt wie ein Lamm. Armer Jesus! Sag mir, daß auch Du ihn liebst, daß auch Du möchtest, daß er geliebt wird. Sag mir, daß Du meinen brennenden Wunsch zu dem Deinen machen willst, wenn ich vor Dir sterbe . . .“ (25. 12. 1944)

„Im Namen dessen, der aus Liebe zu Dir und zu mir am Kreuz gestorben ist, nimm meinen Wunsch an und mach ihn zu Deinem: Die Liebe lasse Dich verstehen, wie sehr er Dich geliebt hat und liebt! Mache Dir meine Leidenschaft der Liebe zu eigen . . .“ (25. 12. 1944)

„Beeile Dich auch Du, den gekreuzigten Jesus zu lieben, der von allen verlassen ist, sogar von seinem Vater . . . Nimm mein Ideal an, Jesus den Verlassenen, und setze alles daran, daß er nie mehr verlassen ist, weder von Dir, noch von all den Menschen, die an Dir vorübergehen. Schau Dich um und Du wirst entdecken, wieviele es sind! Wecke in ihnen die Liebe zu dieser Liebe, die die Welt retten wird. Mach Dich zur Vertrauten der Freundinnen Deiner Schwester und sage ihnen, daß sie diese ‚verlassene Liebe‘ lieben sollen und daß ihnen dann alles andere dazugegeben wird. Aber ‚alles andere‘ zählt nicht. Es kommt nur darauf an, die Liebe zu lieben.“

Gott drängte uns dazu, alle Menschen im Blick zu

haben. Da jeder zur Einheit berufen ist, sollen auch alle den kennenlernen, der sie bezahlt hat und der den Weg dazu eröffnet. Niemand darf uns gleichgültig bleiben, alle sollen erfahren, wie sehr Jesus uns geliebt hat. Sein Schrei hat *allen* gegolten!

Von Anfang an spüren wir so etwas wie eine Sendung: „Du weißt, daß die Liebe mir einen großen Auftrag gegeben hat. Ich muß, ich will dafür leben, daß die ganze Welt ihn liebt, denn für mich wurde er gekreuzigt und war er verlassen! Und Du, . . . hab Mitleid mit diesem Jesus, der bei Dir anklopft und Dich um Trost bittet! Du mußt, Du kannst mein Ideal zu dem Deinen machen, auch wenn Du einen anderen Weg gehst als ich." (1. 1. 1945) Wir fühlten uns also gedrängt, ihn allen Menschen bekannt zu machen.

Wir fühlten uns gerufen, ihn mit einem – wie wir es nannten – „Paradies von Sternen" zu umgeben. Bereits 1945 schrieb ich an ein Mädchen, das wir Eli[1] nannten:" Schreie (das heißt, lebe) Deinen Namen zum Vater im Himmel und zu Maria! Schreie für die ganze Menschheit, für jeden Sünder auf der Welt, für unsere Mädchen . . . Schreie aus tiefstem Herzen: ‚Warum, mein Gott, warum hast du mich verlassen?'

---

[1] Vgl. Mt 27,46: „Um die neunte Stunde rief Jesus laut: *Eli, Eli*, lema sabachtani?, das heißt: Mein Gott, mein Gott, warum hast du mich verlassen?"

Schreie, als wärst du Jesus selbst; denn der himmlische Vater und die Mutter Jesu, die auch unsere Mutter ist, können nicht anders als uns auf diesen Schrei hin zu Hilfe zu kommen! Und wir brauchen die Hilfe des Himmels, um Jesus dem Verlassenen auf der Erde ein „Paradies von Sternen" zu bereiten." (3. 10. 1945)

Diese Briefe zeugen von Augenblicken besonderer Gnade. Doch auch wir sind dazu gerufen, diese Augenblicke, wenn auch auf andere Art und Weise, heute wieder zu erleben. Und wir können das voll und ganz, wenn nicht mehr wir leben, sondern der Auferstandene in uns. Durch ihn werden auch wir zur Quelle des Geistes. Wir werden ein anderer Jesus. Und sein Wort: ‚Ich bin gekommen, um Feuer auf die Erde zu werfen . . .' (Lk 12,49) gilt auch für uns. Auch wir können und müssen Feuer für die Welt sein.

Wir müssen von Jesus dem Verlassenen sprechen, wir müssen den Weinberg[1] des verlassenen Jesus, unser Werk, die Verwirklichung dessen, was wir das „Paradies von Sternen" nannten, immer mehr ausbreiten und zum Blühen bringen. Aber wir müssen im richtigen Moment über Jesus den Verlassenen sprechen. Von Anfang an war unser Ideal wie eine Medaille mit zwei Seiten: Jesus der Verlassene und die

---

[1] Vgl. Hld 8,12.

Einheit. Der Heilige Geist hat uns so geführt, daß wir den anderen die Einheit zeigten und Jesus den Verlassenen für uns behielten.

„Allen zeige ich die Seite der Einheit. Für mich und für die, die an vorderster Front für die Einheit kämpfen, *ist Jesus der Verlassene alles*. Für die anderen die Einheit, für uns die Verlassenheit! Welche? Die Jesus durchlitten hat: . . . ‚Mein Gott, mein Gott, warum hast du mich verlassen?' Uns hat die unendliche Liebe an die vorderste Front gestellt, daher haben wir die Pflicht, ihn zu suchen, wie die Braut im Hohen Lied den Bräutigam sucht." (30. 3. 1948)

Vor allem anderen müssen wir der Welt das Zeugnis der Einheit geben. Und wer davon berührt ist, wird auch ihr Geheimnis erspüren. Oder vielmehr: Wer sich für die Einheit entscheidet, wird sicher auf den Verlassenen stoßen.

„Mein Bruder! Wenn Sie diesen Weg (der Einheit) einschlagen, werden Sie bald die Wundmale der Verlassenheit erleiden! Der Herr wird in Ihrem Innern eine unendliche Leere schaffen, . . . die Sie sofort mit Jesus dem Verlassenen ausfüllen werden . . ." (30. 3. 1948)

Der Heilige Geist hat uns wirklich die Weisheit geschenkt und uns den Weg gezeigt, wie die Bewegung in der Kirche und in der Welt ihre Aufgabe erfüllen kann: Sie soll durch den Dialog der Liebe mit allen (der möglich und fruchtbringend wird, wenn ihm das Zeugnis vorausgeht) dazu beitragen, „daß alle eins seien“. Es ist ein Dialog, ein Gespräch über jemand, den man schon ein wenig erfahren hat, über Gott, der sich in der Einheit zu erkennen gibt. So lernen wir, seine Liebe zu entdecken in der Menschwerdung, im Kreuz und in der Verlassenheit. So können wir uns mit dieser Liebe „bekleiden“ und zu dieser Liebe werden, so daß wir immer mehr Zeugnis geben von Jesus dem Auferstandenen.

Jesus der Verlassene Schlüssel zur Einheit mit den Brüdern

Jesus der Verlassene ist nicht nur der Schlüssel zur Einheit unserer Seele mit Gott, er ist auch der Schlüssel zur Einheit mit den Brüdern. Er zeigt uns die richtige Art und Weise, die Menschen zu lieben und einander wie Brüder zu begegnen. Dies ist ein grundlegendes Thema für unser Werk. Seit dem Beginn unseres neuen Lebens bedeutet die Entscheidung für Gott, der die Liebe ist, zugleich sich entscheiden für den Weg der Liebe. Was Gott von uns wollte, ließ uns der Heilige Geist zusammengefaßt in dem besonderen Gebot Jesu erkennen: „Ein neues Gebot gebe ich euch: Liebt einander!" (Joh 13,34).

Die Einheit mit den Brüdern, die Einheit unter Brüdern ist daher äußerst wichtig für uns. Hier liegt sicher auch der Grund, warum wir auf die Frage, wer wir seien, oft nur mit der einfachen Entstehungsgeschichte der Bewegung antworten können: der Zusammenbruch aller Ideale während des Krieges, die Entscheidung für Gott und, um diese Entscheidung in die Tat umzusetzen, das Leben nach dem Neuen Gebot.

Immer wieder kommen wir auf diese Forderung Jesu zurück. Das Neue Gebot Jesu fasziniert uns; wir entdecken es jedesmal neu, wenn wir es vertiefen. Wenn wir es ins Leben umsetzen, fühlen wir uns in unserem Element.

Besonders freuen wir uns darüber, daß dieses Gebot nicht nur für uns, die wir erst vor wenigen Jahrzehnten entstanden sind, von so großer Bedeutung ist, sondern, daß es für die Kirche von Anfang an von außerordentlicher Wichtigkeit war („Das ist die Botschaft, die ihr *von Anfang an* gehört habt: Wir sollen einander lieben." – 1 Joh 3,11). Und so ist es bis heute geblieben.

Das Zweite Vatikanische Konzil erklärt das Gebot der Liebe zum Gesetz für das neue Gottesvolk. Die Liebe enthält nicht einfach ein Gesetz Jesu, sondern *sein* ganzes Gesetz. „Wer den anderen liebt", erklärt die Schrift, „hat das Gesetz erfüllt" (Röm 13,8). „Denn das ganze Gesetz ist in einem Wort zusammengefaßt: Du sollst deinen Nächsten lieben wie dich selbst" (Gal 5,14).

Die Liebe, die christliche Liebe, ist ein Teilhaben an der Agape, am Leben Gottes („Gott ist Liebe" [Agape] – 1 Joh 4,8). Sie ist das besondere Kennzeichen des Christentums, ja in ihr besteht unser ganzer Glaube. Der Christ ist durch den Heiligen Geist, der in ihm lebt, von jeder Knechtschaft befreit, und gerade dieser Geist, dessen Frucht „Liebe, Freude, Friede, Langmut, Güte, Treue, Sanftmut" (Gal 5,22–23) ist, macht ihn zum Sklaven, zum Diener seiner Mitmenschen. Der Christ ist ein Leben lang ein Schuldner: er hat seinen Brüdern zu dienen (vgl. Röm 13,8).

Die Liebe zu den Brüdern, die Jesus will, der Dienst, den er verlangt, besteht nicht in einer Abfolge von einzelnen Handlungen, sondern ein Christ muß danach streben, Liebe zu sein; so erreicht er seine Vollkommenheit. Der Dienst am Nächsten ist im wahrsten Sinne des Wortes der Weg zur christlichen Vollkommenheit. „Die Liebe ist das Band der Vollkommenheit“ (Kol 3,14).

Das Zweite Vatikanische Konzil (LG 42) bezeichnet die Gelübde der Ordensleute als wirksames Mittel auf dem Weg zur Heiligkeit, schätzt jedoch den Dienst an den Mitmenschen noch höher ein, denn die Nächstenliebe ist das besondere Kennzeichen der Christen. Paulus stellt die Liebe über alle anderen Charismen (vgl. 1 Kor 13).

Wenn das die Auffassung der Kirche ist, und wenn uns der Heilige Geist gerade dieses Gebot erschlossen hat, dann ist es wichtig, sich zu fragen, wie man die Brüder liebt und auf welchem Weg man am besten die Einheit verwirklicht.

„Das ist mein Gebot: Liebt einander!“ Jesus hat diese Worte nicht nur gesprochen, er hat uns auch ein Vorbild für diese Liebe gegeben; denn er fügt hinzu: „wie ich euch geliebt habe“. Und er hat dazu erläutert: „Es gibt keine größere Liebe, als wenn einer sein Leben für seine Freunde hingibt" (Joh 15,12).

Im gekreuzigten und verlassenen Jesus finden wir den Weg, um unsere Brüder zu lieben. In seinem Sterben am Kreuz, in der Verlassenheit, zeigt uns Jesus auf seine einzigartige und göttliche Weise, was Liebe ist.

Damit wir die Liebe richtig verstehen, hat der Heilige Geist den Angehörigen der Bewegung dieses Verständnis des gekreuzigten und verlassenen Jesus tief eingeprägt: An ihm richten sie, soweit es ihnen in ihrer Schwachheit gelingt, ihr Leben aus.

Wir haben schon dargelegt, daß lieben dienen bedeutet und daß es keine bessere Art zu dienen gibt, als sich mit den Mitmenschen einszumachen. Da sich niemand mit den Menschen so einsgemacht hat wie Jesus der Verlassene, ist er das Vorbild eines jeden Menschen, der liebt; er ist der Weg, der Schlüssel zur Einheit mit den Nächsten.

„Sich einsmachen": Fragen wir uns, was diese beiden Worte bedeuten und verlangen. Sie sind so wichtig, weil sie uns den Weg zum Lieben zeigen. Wir werden keinen Zugang zum Bruder finden, wir können ihn nicht verstehen, seinen Schmerz nicht teilen, wenn wir innerlich reich sind an Sorgen, einem Urteil, einer Ansicht . . . oder was es auch sein mag. „Sich einsmachen" setzt voraus, daß wir innerlich arm sind, arm im Geist. Das Evangelium sagt, daß diese Armut das Reich Gottes schafft, das Reich der Liebe, daß sie die Seele mit Liebe erfüllt. Nur so wird Einheit möglich. Und auf wen schauen wir, von wem können wir die große Kunst der Armut im Geist lernen? Keiner ist ärmer als Jesus der Verlassene. Nachdem er fast alle seine Jünger verloren und nachdem er uns die Mutter geschenkt hat, gibt er das Leben für uns und gewinnt den schrecklichen Eindruck, daß selbst der Vater ihn verläßt.

Wenn wir auf ihn schauen, verstehen wir, daß wir aus Liebe zu den Brüdern alles hintanstellen, auf alles verzichten müssen. Das können die Güter dieser Erde sein, oder, wenn es gefordert ist, auch geistliche Gaben. Im Blick auf ihn, der sich von Gott verlassen fühlt, müssen wir bereit sein, aus Liebe (und das kann häufig vorkommen) Gott zu lassen für Gott, um uns eins zu machen mit dem Bruder, der uns braucht. Wir geben zum Beispiel eine Idee auf, auch wenn sie uns von Gott zu kommen scheint, um innerlich ganz leer zu sein und so den Schmerz des Bruders in uns aufnehmen zu können. Im Blick auf Jesus den Verlassenen ist jeder Verzicht möglich.

Das „Sicheinsmachen" erfordert diesen Verzicht, wir kennen aber auch den Gewinn. Wenn Menschen diese Liebe erfahren, werden sie oft für Christus gewonnen. („Den Schwachen wurde ich ein Schwacher, um die Schwachen zu gewinnen. Allen bin ich alles geworden, um auf jeden Fall einige zu retten." – 1 Kor 9,22) Und wer einmal für Christus gewonnen ist, beginnt auch selbst zu lieben – und Einheit entsteht.

In den Statuten der Bewegung heißt es: „Das Leben der Einheit unter den Gläubigen . . . verlangt von den Mitgliedern der Bewegung eine besondere Liebe zum Kreuz und vor allem zu Jesus im Geheimnis seiner Passion: Er ist der *Höhepunkt äußerer, aber vor allem innerer Loslösung*, er ist das göttliche Vorbild für alle, die „beitragen wollen" zur Einheit der Menschen mit Gott und untereinander (Teil I, Kap. 1, Art. 2, Nr. 10). Danach wird der Schrei Jesu zitiert: „Mein Gott, mein Gott, warum hast du mich verlassen?"

Der verlassene Jesus ist auch auf eine andere Weise Weg zur Einheit mit den Brüdern: „Ich in ihnen und du in mir. So sollen sie vollendet sein in der Einheit" (Joh 17,23). Jesus, der in jedem Christen gegenwärtig ist, macht uns vollkommen in der Einheit.

Wie Jesus dieses „ich in ihnen" verwirklichen wird, sehen wir in Jesus dem Verlassenen, dem Schlüssel zur Einheit des Menschen mit Gott. Wir müssen ihn immer großzügig und ohne Zögern umarmen, wenn er auf uns zukommt in den Schmerzen eines jeden Tages, in den Entsagungen, die das christliche Leben und das Leben nach den Tugenden mit sich bringen. Der Auferstandene, von dem wir hoffen, daß er durch die Gnade bereits in uns lebt, schenkt uns dann seinen ganzen Reichtum, die Gaben des Geistes erfüllen unsere Seele; jedesmal neu ist Ostern, Jesus lebt in seiner Fülle in jedem von uns.

Wie Jesus in mir lebt, lebt er auch in meinem Bruder. Wenn wir dann zusammenkommen; sind wir schon eins, vollkommen in der Einheit. Das hat die Liebe zum verlassenen Jesus hervorgebracht.

Jesus der Verlassene ist auch Weg zur Einheit mit den Brüdern, weil er uns hilft, die Einheit immer wieder herzustellen, wenn sie zerbrochen ist. Es kann vorkommen, daß man die Fülle der Freude erfahren hat, diesen Frieden, das Licht, die Glut, die Bereitschaft zu lieben, alle diese Früchte des Geistes, die das Leben nach dem Neuen Gebot hervorbringt; man weiß also schon, was die Gegenwart Jesu unter zwei oder mehr Christen, die in seinem Namen beisammen sind, bedeutet. Vielleicht hat man schon erfahren, wie das eigene Leben dadurch bis in Kleinigkeiten hinein eine außergewöhnliche Bedeutung erhält: Umstände,

Menschen und Dinge erscheinen in einem neuen Licht. Doch durch einen Akt des Hochmuts, des Stolzes, durch eine Regung des Egoismus auf der einen oder anderen Seite sind wir plötzlich wieder in dem Leben, wie wir es vorher führten, als wir Jesus in dieser Fülle noch nicht kannten: ohne Licht und ohne Wärme oder noch schlimmer. Wir fühlen uns unwohl, alles wird sinnlos. Man versteht nicht mehr, warum man diesen Weg eingeschlagen hat. Es fehlt das Entscheidende: Er, der unserem Leben die Fülle gab, der unsere Freude vollkommen machte. Es ist, als ob eine übernatürliche Sonne unterginge. In solchen Augenblicken kann uns allein schon der Gedanke an die tiefe Verlassenheit seiner göttlichen Seele Licht geben.

Jesus hat sein ganzes Leben für den Vater gelebt: Verliert das nicht alles seinen Sinn, wenn dieser ihn ausgerechnet auf dem Höhepunkt seiner Hingabe im Stich läßt? Welchen Sinn hat dann sein Sterben? Doch Jesus hat nicht gezweifelt: „Vater, in deine Hände lege ich meinen Geist“ (Lk 23,46).

Wenn wir innerlich bestürzt sind über eine kleinere oder größere Uneinheit, wird uns bewußt, daß wir ein klein wenig an seinem Todeskampf teilhaben. Wir schauen auf den Grund unseres Herzens und umarmen unseren Schmerz. Dann gehen wir auf den Bruder zu, ganz gleich, ob die Schuld bei uns oder bei ihm liegt, um die volle Harmonie wieder herzustellen, denn das Evangelium (vgl. Mt 5,24) fordert uns auf, unsere Gabe erst dann zum Altar zu bringen, wenn wir uns mit dem Bruder versöhnt haben; es unterscheidet also nicht zwischen Schuldigen und Unschuldigen. Jesus wird wieder unter uns gegenwärtig sein, und die Kraft und das Glück kehren zurück. Jesus der Verlassene öffnet immer wieder den Weg zur Einheit.

Jesus der Verlassene ist noch auf eine weitere, geheimnisvolle, aber reale Weise Schlüssel zur Einheit mit den Brüdern: „Wenn ich über die Erde erhöht bin, werde ich alle zu mir ziehen“ (Joh 12,32), das heißt, er wird alle eins werden lassen. Wenn Christus in den Christen lebt, dann kann das in gewisser Weise auch jeder von sich sagen.

Wir können nicht ermessen, welchen Beitrag zur Einheit in unserer Bewegung die Menschen leisten, die als „Gekreuzigte“ ihre lange oder kurze Krankheit annehmen oder auch diejenigen, die ihr Sterben für unser Werk aufopfern. Gott weiß es. Sicher ist ihre Gabe besonders wertvoll, denn im Heilsplan Gottes ist der Schmerz das fruchtbarste Element.

Diese Menschen, die für die Ziele der Bewegung ihr Leben geben, schauen auf ihn und vereinen ihre

Leiden mit dem seinen, damit die Menschen „alle eins seien".

Schließlich ist der verlassene Jesus Ursache der Einheit mit den Brüdern, weil wir in allen Leidenden ihn, seine Züge, entdecken. Wir sehen ihn in den Bedrängten, in den von der Gesellschaft Ausgeschlossenen, in den Verfolgten, den Notleidenden, den Hungernden, in denen, die Durst haben, in den Nackten, Kranken, Sterbenden und Obdachlosen. Wir erkennen ihn in den Gefangenen; denn wer hat tiefer erfahren, was es heißt, an Leib und Seele gefangen und gefesselt zu sein, als er, der sich vom Vater, mit dem er doch eins ist, so schrecklich verlassen fühlte?

Wir sehen ihn in den Zweifelnden. Kann man mehr zweifeln als er, der für uns – scheinbar – vor der größten Sinnlosigkeit steht, daß nämlich Gott Gott verläßt?

Wir finden ihn in den Betrübten, den Trauernden, in den Verlassenen, in den Gescheiterten, Verratenen, Ausgestoßenen, in den Erfolglosen und in denen, die sich in ausweglosen Situationen befinden, in den Orientierungslosen, den Schutzlosen, Verzweifelten und in denen, die Angst haben . . . Wir entdecken ihn auch in denen, die Schuld auf sich geladen haben, denn er ist für uns zur Sünde, zum Fluch geworden (vgl. Gal 3,13)

Es ist nicht schwer, ihn in all diesen Menschen, in denen, die seelisch oder körperlich leiden, zu entdekken. Und weil man in ihnen sein Antlitz erkennt, liebt man ihn. Seine Gestalt, an die diese Menschen in ihrem Schmerz erinnern, ruft unsere Liebe hervor. Der verlassene Jesus ist der Weg zur Einheit mit ihnen. Wenn diese Menschen sich geliebt fühlen, beginnen auch sie zu lieben, und neue Einheit entsteht.

Daher wird deutlich, daß die Angehörigen der Bewegung durch diese Liebe zu Jesus dem Verlassenen bereit sind, alle Menschen zu lieben, und die, denen sie begegnen, zum „ut omnes“ führen wollen. Sie spüren ein so tiefes Bedürfnis, ihn zu lieben, daß es seit Jahrzehnten üblich geworden ist, daß sie sich Jesus dem Verlassenen weihen, angefangen bei denen, die größere Verantwortung tragen, wie die Fokolare, die Priester, Ordensleute, die Verheirateten Fokolare, die Freiwilligen, aber auch die Jugendlichen und die Kinder. Sie wissen, daß hier der Schlüssel zu ihrem Ideal liegt. Ihre Weihe an den verlassenen Jesus ist ein sichtbares Zeichen dafür, daß sie sich der Liebe verschreiben, denn er ist die Liebe.

Die Bewegung begegnet in demütiger Liebe Jesus dem Verlassenen nicht nur durch ihre einzelnen

Mitglieder, sondern auch in ihrer Gesamtheit und durch ihre verschiedenen Sektionen.

Die „Offenen Bewegungen“ lieben Jesus den Verlassenen in der jeweils eigenen Problematik, die aber immer seine Züge trägt. Aus Liebe zu ihm geht die „Familienbewegung“ mit Erfolg das Problem der elternlosen Kinder an: Wer ist mehr Waise, als Jesus in jenem Augenblick am Kreuz? Oder das Problem der Witwen: Wer ist einsamer, schutzloser, alleingelassener als er? Und auch die ganze Problematik der Trennung, der Scheidung, der älteren Menschen, die Beziehungslosigkeit der Generationen untereinander . . . all das trägt seine Züge. Aus Liebe zu ihm bemüht sich die „Bewegung für eine neue Gesellschaft“ die tausend und abertausend Probleme der Menschheit in den verschiedenen Bereichen zu lösen: Im Bereich von Arbeit und Wirtschaft das Problem der Arbeitslosigkeit, der Spannungen zwischen den sozialen Gruppen; in der Politik: das Problem der Anerkennung der Menschenrechte, der Beziehungen zwischen den Parteien usw.; sie versucht auf dem Gebiet des Gesundheitswesens Lösungen anzubieten und im Bereich von Erziehung und Unterricht Antworten zu finden. Denn wer ist den Unwissenden ähnlicher als Jesus, das Wort Gottes, das in seinem „Warum“ für uns zur Unwissenheit geworden ist?

Aus Liebe zu Jesus dem Verlassenen sucht die Priesterbewegung eine Lösung für die Priester, die allein oder alt sind, für das Problem der oft so ungenügenden Gemeinschaft untereinander und ihrer Einheit mit den Bischöfen, für das Problem des Priesternachwuchses, der Priesterausbildung . . .

Die Pfarrbewegung möchte eine Antwort auf die verschiedenen Schwierigkeiten geben, die in den Gemeinden entstehen: bei der Liturgie, bei vielen Aktivitäten und Vereinen, vor allem aber im Bemühen, eine lebendige Gemeinschaft zu sein.

Auf dem Hintergrund ihrer Liebe zum verlassenen Jesus können die Bewegungen der Ordensmänner und Ordensfrauen auf die vielen Probleme der Ordensgemeinschaften antworten: innere Erneuerung, Einhaltung der Regel, Einheit unter den Ordensleuten und mit den Vorgesetzten, Ordensnachwuchs, Einheit der verschiedenen Ordensfamilien untereinander.

Aus Liebe zu ihm setzt sich die Neue Generation (GEN) und die Jugendbewegung dafür ein, Lösungen für die ernsten Probleme der Kinder und Jugendlichen von heute zu finden.

Es muß dabei aber klargestellt werden, daß die Fokolar-Bewegung nicht unmittelbar das Ziel hat, die Familie, die Jugend, die verschiedenen Bereiche der Gesellschaft zu erneuern, noch will sie in erster Linie die Probleme der Ordensgemeinschaften, der Priester, der Seminare und Pfarrgemeinden lösen, auch wenn sie dann praktisch dazu beiträgt, Ziel der Fokolarbewegung ist, einen Beitrag zu geben, damit in der Welt das Testament Jesu verwirklicht wird.

Deshalb wenden sich die „Offenen Bewegungen" innerhalb des Werkes an die Jugend, die Familien, die Pfarrgemeinden, die Gesellschaft, die Priester und Ordensleute, um aus allen Komponenten der christlichen Welt ein einziges Ganzes entstehen zu lassen, wie ein einziges Geflecht, um so der Welt zu bezeugen, wie Kirche aussieht, wenn der Auferstandene in ihrer Mitte lebt. Das Zeugnis der Einheit, die in der Gegenwart Christi besteht, und im Wirken seines Geistes, der alles erneuert, muß jeder Aktivität vorangestellt werden; vor allem dadurch fühlt sich die Bewegung in der Lage, die Sorgen und Nöte der Kirche mitzutragen.

Für uns sind die Entwicklungsländer, für die die Kirche große Sorge trägt und in denen es viele Bedürfnisse und Möglichkeiten, aber wenige „Arbeiter" (vgl. Mt 9,37 f) gibt, ein Echo des Schreies von Jesus dem Verlassenen, und wir versuchen nach unseren Möglichkeiten darauf zu antworten.

Wir empfinden die Kirche des Schweigens wie einen riesigen Christus, der seine Verlassenheit hinausschreit. Wir erinnern uns an einen Bischof aus einem solchen Land, der, nachdem er über diesen besonderen Moment der Passion Jesu hatte sprechen hören, erklärte: „Jesus der Verlassene ist die Art und Weise, wie die Kirche heute ihre Passion lebt.“

Die Kirche von heute steht vor großen Aufgaben; um ihnen gerecht zu werden, hat sie nach dem Zweiten Vatikanischen Konzil drei große Dialoge eröffnet. Auch unsere Bewegung hat im Laufe ihrer 40jährigen Geschichte darin ihre Hauptaufgaben erkannt: die Einigung aller Christen, der Dialog mit den großen Religionen und der Beitrag zur Lösung des Problems des weltweit verbreiteten Atheismus.

Die Erfahrung hat uns gezeigt, daß die Spiritualität der Bewegung Elemente enthält, die die Einheit mit den verschiedenen Kirchen fördern. Deshalb kamen wir mit Christen verschiedener Bekenntnisse ins Gespräch, woraus sich eine ökumenische Arbeit entwickelt hat. Diese Berührungspunkte sind die *Liebe* als zentrales Element des Christentums und das *Leben* (Johannes Paul II. nannte unseren Weg „einen Weg des Lebens“): davon waren vor allem unsere orthodoxen Brüder berührt. Das *Wort Gottes*, das wir besonders betonen, hat uns zum Dialog und zu einer tiefen Gemeinschaft mit den Lutheranern geführt. An der

Einheit waren vor allem die anglikanischen Brüder interessiert, angefangen bei den führenden Persönlichkeiten dieser Gemeinschaft. Das Wort Jesu „*Wo zwei oder drei in meinem Namen versammelt sind*, da bin ich mitten unter ihnen“ (Mt 18,20), wurde zum Schlüsselwort im Dialog mit den reformierten Christen.

Diese Elemente, die uns mit Christen anderer Kirchen und kirchlichen Gemeinschaften verbinden, haben unserer Bewegung reiche Frucht gebracht. Auf beiden Seiten sind jahrhundertealte Vorurteile gefallen. Wahrheiten der katholischen Kirche wurden von anderen Christen anerkannt, wir haben gelernt, viele Situationen objektiver zu beurteilen; und in allen ist der brennende Wunsch nach Einheit gewachsen. Doch wenn wir auf diesem Gebiet etwas aufbauen konnten, dann geschah es vor allem durch die Liebe zu Jesus dem Verlassenen. In seiner schrecklichen Angst war er der Einheit mit dem Vater, die er doch immer hatte, nicht mehr sicher, er erscheint wie in sein Gegenteil verkehrt; und dieses entstellte Bild des verlassenen Jesus begegnete uns in der christlichen Welt, die zur vollkommenen Einheit berufen ist, heute aber in Hunderten von Kirchen und kirchlichen Gemeinschaften zersplittert ist. Seinetwegen, wegen dieses Schreies, der aus vielen Wunden, Spaltungen und Trennungen aufsteigt, fühlt sich die Bewegung gedrängt, für die Wiederherstellung der Einheit der Christen zu arbeiten.

Durch ihre weltweite Verbreitung steht die Bewegung auch in Kontakt mit Gläubigen anderer Religionen, mit Juden, Muslimen, Buddhisten, Taoisten, Sikhs, Hindus usw. Mit allen haben wir die Grundlage für eine Begegnung gefunden. Mit den Juden verbindet uns das unschätzbare Erbe des Alten Testaments; die Muslime interessiert auf dem Hintergrund ihrer eigenen Auffassung vom religiösen Leben vor allem, wie wir unseren Glauben gemeinsam und nicht nur individuell leben. Mit den Gläubigen der asiatischen Religionen verbindet uns auf besondere Weise Jesus der Verlassene. Auch andere Menschen haben für diese Wahrheit Interesse gezeigt. Mehrmals haben wir erlebt, daß Juden, die diesen Höhepunkt der Passion Jesu kennengelernt haben, sagten: „Dann war er also wirklich Gott!" (Mk 15,39). Doch auf die Gläubigen der östlichen Religionen übt dieser charakteristische Schmerz Jesu, der ihn bis zur völligen Selbstaufgabe führt, eine besondere Anziehungskraft aus. Sie suchen ja diese „Energie", die alles trägt, wie manche es nennen, oder den Gott, den sie manchmal als Person verehren, durch Abtötung der Sinne und des Begehrens zu erreichen. Ihre Askese ist bewundernswert und macht sie fähig, in überzeugenden Christen das übernatürliche Leben wahrzunehmen. Für sie ist das „Sein" wichtig. Wenn jemand sich selbst aufgibt, um sich mit ihnen einszumachen und Jesus in sich Raum zu geben, wenn sie dem Auferstandenen begegnen unter Christen, die eins sind und das Kreuz lieben, dann erkennen sie auf den Gesichtern dieses Licht und diesen Frieden, die Früchte des Geistes. Sie fühlen sich davon angezogen und verlangen eine Erklärung. Und so können wir von unserer Religion sprechen. Der Dialog wird zur Evangelisation.

Dann gibt es einen dritten Dialog, zu dem sich die Bewegung ganz besonders gerufen fühlt, den Dialog mit den Nichtglaubenden, den Fernstehenden, den Atheisten, den Materialisten. Da unsere Bewegung dazu gerufen ist, sich den größten Schmerz Jesu zu eigen zu machen, kann sie nicht anders, als sich gerade der unglücklichsten Menschen anzunehmen. Und die Unglücklichsten, die die größte Not erleiden, sind mehr noch als die Menschen, die verhungern, jene, für die nach diesem Leben alles zu Ende ist, weil sie Gott abgelehnt oder an seine Stelle das Materielle gesetzt haben. In der Sorge um diese Menschen, die wir nicht nur in den als atheistisch bekannten Ländern antreffen, sondern in Ost und West, in den Großstädten wie in den Dörfern, sieht die Bewegung ihre erste

Aufgabe. Sie scheint so sehr auf uns zugeschnitten, so charakteristisch für uns, daß wir die anderen Dialoge, etwa den Dialog mit den anderen Christen, in dieser Ausrichtung sehen.

Jeden Menschen zu lieben, so daß alle erfahren, was Liebe ist, und nach dem Gebot Jesu einander lieben: das ist das Anliegen der Bewegung. Sie ist in einer Zeit entstanden, in der das Wirken des Heiligen Geistes deutlich zu spüren ist, die aber zugleich vom Atomkrieg bedroht ist. Und diese Zeit hat ihr Geheimnis: Jesus den Verlassenen, der die Menschen wieder mit Gott und untereinander verbunden hat.

Diese Spiritualität, die sich in Jesus dem Verlassenen verdichtet, besitzt wirklich „göttliche Sprengkraft". Denn es scheint, als würde in diesem Schrei die Einheit Gottes zerbrechen, denn es ist Gott, der schreit: „Mein Gott, mein Gott, warum hast du mich verlassen?" Im Einklang mit der Kirche von heute möchte die Bewegung auf das eine, ewige und immer aktuelle Ziel der Kirche zugehen: die Verwirklichung des Testamentes Jesu: „Alle sollen eins sein" (Joh 17,21).

Inhalt

Weitere Bücher von Chiara Lubich:

LIEBE ALS IDEAL

Die christliche Liebe im Leben der Urkirche: ein Modell, wie man heute Christ, Kirche sein kann.
80 Seiten, broschiert. ISBN 3-87996-084-4

LEBEN AUS DEM WORT

Das Wort Gottes als „Wort des Lebens", eine Präsenz Gottes in der Welt und ihre Auswirkungen.
76 Seiten, broschiert. ISBN 3-87996-034-8

MITTEN UNTER IHNEN

Themen und Gesprächsausschnitte über die Zusage Jesu: „Wo zwei oder drei in meinem Namen versammelt sind, da bin ich mitten unter ihnen" (Mt 18,20).
88 Seiten broschiert. ISBN 3-87996-039-9

IN BROT UND WEIN

Die Eucharistie, ihr Gehalt und ihre Funktion als Quelle echter christlicher Gemeinschaftlichkeit.
88 Seiten, broschiert. ISBN 3-87996-082-8

IM DIENST AN ALLEN

Meditationen über die Gegenwart Jesu in den Verantwortlichen der Kirche.
128 Seiten, broschiert. ISBN 3-87996-092-5

VERLAG NEUE STADT MÜNCHEN ZÜRICH WIEN